法律家
必携！

イライラ多めの
依頼者・相談者との
コミュニケーション術

「プラスに転じる」
高葛藤のお客様への対応マニュアル

JN123647

編著者
土井浩之（弁護士・土井法律事務所）
大久保さやか（弁護士・スズラン法律事務所）
心理監修
若島孔文（公認心理師・東北大学教授）

tomi shobo
遠見書房

はじめに

　2011 年 4 月，東日本大震災の直後，仙台弁護士会は『自殺対策マニュアル』を作成しました。これまで，社会政策学において，完全失業率と完全自殺率は連動するとされていましたが，この他にも，離婚，破産申立件数，犯罪認知件数についても有意な関連があるとマニュアルの中で指摘しました。すべて一般の弁護士が取り扱う業務分野です。弁護士の業務は，自死と何らかの関連がある方々と接する業務であり，弁護士が自死対策をすることは意味があることだと述べています。

　2018 年に，日本弁護士連合会と東北大学大学院教育学研究科の若島孔文先生の研究グループと合同で，弁護士が業務上出会う自死リスクのアンケート調査を行いました。その結果，弁護士が出会う相談者，依頼者の多くが，高い葛藤を持ち（以下，「高葛藤」とする），高度の自死リスクを有している方が多いということが明らかになりました。疾患の有無にかかわらずどんな人であっても，自分をめぐる人間関係の紛争を抱えているということによって葛藤が高くなって自死リスクが生まれるという，多くの弁護士が実感していることが実証的に示されました。

　葛藤が高くなりすぎてしまうと，冷静に必要な情報を伝達するというような弁護士と十分なコミュニケーションをとって訴訟などの解決に向けた合理的な活動が困難になります。この点に理解の無い弁護士が担当してしまうと，コミュニケーションが取れないどころか，弁護士との会話自体が苦痛になる等，より葛藤が高まる要因に

もなります。また，必要な情報を伝えることができないために弁護士からの援助が十分受けられなくなってしまったりすることも起きてしまいます。これでは，法的サービスが，実質的には十分に保証されていないことになってしまうでしょう。

　逆に葛藤についての理解がある弁護士がかかわることによって，コミュニケーションが十分に取れ，当事者から必要な情報の伝達を漏らさず受けることが可能となり，よりよい解決が可能となるはずです。また，当事者が自分が尊重されているという意識が持てるようになり，法的サービスを受けることが自己実現となることも期待できます。

　葛藤についての理解やかかわり方については，これまであまり弁護士は意識してきませんでした。この問題の理解を深め解決に向かう技術とノウハウがなかったと思います。弁護士それぞれの人柄の問題とされてしまっていたのではないでしょうか。当事者の方々だけでなく，弁護士も，高葛藤の方々とのかかわりという重い負担に無防備にさらされていたのかもしれません。

　また，自死予防は多分野の連携が必要だと言われております。本書は，弁護士から依頼者の葛藤についての事情を説明して問題提起を行い，心理の専門家の方々からその後回答をいただき，弁護士が高葛藤の方々をどのように理解し，どのように接するべきなのかということを一緒に考えていただきました。弁護士がかかわることによって，自死リスクが軽減するという自死予防の道筋も見えてくると思います。弁護士と心理士の連携による新しい自死予防の地平を切り開く一つの形を提示したものと自負しています。

　本書は3部構成となっています。第1部は，弁護士がすぐに実践に活用できるためのマニュアル的な構成になっています。第2部，

第3部は，さまざまな場面で応用が利くように，より深い理解をするための理論を記載しています。本来の弁護士業務だけでなく，社会的に求められている役割を果たすための公的活動，ボランティア活動，その他の活動などでも活用していただけると思います。

　また，弁護士業務に限らず，士業をはじめとした対人関係のサービス業務に関わる全ての人にご活用いただければ幸いです。

　※本書で使っている「葛藤」という言葉は，人間関係において自分が不合理な扱いを受けていると感じ，そのために，緊張感，イライラ，些細な刺激に対する過剰な怒りや警戒感を持っていたり，悲観的な思考傾向になっていたりするという心理的防御反応が起きている状態という意味で使っています。この反応が強い状態を「高葛藤」という言葉で表現しました。

土井浩之

目　　次

第 1 部

高葛藤者への
タイプ別対処方法

1．ワンチームになれない相談者，依頼者

〈ケース〉

　Aさんから，マンションの上階からの騒音に悩んでいるとの相談を受けました。大家に苦情を言っても取り合ってくれないとのことでした。相談の合間合間に，Aさんは「先生もこんな小さな相談受けたくないですよね」とか「他の人に比べたら小さな悩みですよね」などと言ってくるので，徐々に相談を聞く気持ちが萎えてきてしまいます。

　自嘲気味な発言が多い相談者と話していると，違和感を覚えることがあります。たとえば，「どうせ私の案件なんて些細なことなので，お時間取らせて申し訳ありませんね。立派なお仕事ばかりされているのでしょう」等といった発言があります。弁護士は，「この人，自分のことなのに，どうして解決に熱心になれないのかしら」と疑問に思ったりします。信頼関係に自信がなくなると，双方全力を尽くすことが難しくなる危険性があります。大切な情報の提供を受けられなかったり，必要な指示が伝わらなかったり，解決方針の意思決定で誤解が生じたりします。

〈弁護士側が考えること〉

　これは「人間関係に紛争を抱えている人は，自分に対して自信が持てなくなっている。あらゆる出来事は，自分に対して不利益になる兆候だと感じてしまう」からです。

　不利益の中身は，

・こんなことを言うと弁護士から叱責されるのではないか

・馬鹿にされるのではないか

・味方になってくれないのではないか，といった事柄です。

　だから，「弁護士との関係では安心できる」ということをまずはアピールしましょう。そして，以下のポイントに注意します。

１）相手を尊重しない自分の態度がなかったかどうか点検する

　相手からすると，自分の案件を弁護士が大切に扱っていないのではないかと感じてしまう事情はないか最優先で点検する必要があるでしょう。事件処理になかなか着手しなかったり，他の案件に熱心に取り組んでいることを言い訳にして後回しにしたということがないか点検しましょう。相手から見て，自分が尊重されていないと感じる事情があれば是正し，謝罪するのが良いでしょう。

　「大変お待たせして申し訳ありませんでした」

２）あなたの悩みに真剣に向き合っていることを伝える

　相談者の対応は，自分に対してどのくらい真剣に向き合ってくれるかということを無意識に試している可能性があります。しつこいようだと，信頼関係を損ねるという注意をするべきですが，相談者の相談事，悩みごとは，誰でも悩んだり，解決を望むことであり，小さなことではないということをはっきり伝えることで安心してもらえることが多いです。

　「ここは大切なところだから，ゆっくり考えましょう」

３）積極的に共感を示すということも有効である

　自分が相手の立場に立って，相手ならそう思うだろうなというこ

とを指摘しましょう。

「なるほど，あなたの立場なら，私もそう思うでしょうね」

4）相談者の知識不足，思考の誤り，論理齟齬を当然のこととして
　対応する

　相手のウィークポイントを馬鹿にせず，批判したり，責めたりしないことが大切です。葛藤が高い時には，当たり前のことに気が付かないものです。適切に行える自信がない弁護士は，相手の間違いなどを指摘するときは真顔で対応することを勧めます。人当たりの良い笑顔も，嘲笑されているように感じることがあります。

　「その点は，第三者から見るとこうだと思います。当事者になってしまうとなかなか見えないことがあるようです」

2.「その揚げ足取りのような指摘は私に対する攻撃ですか」

〈ケース〉

　Bさんから，離婚した妻のもとにいる子ども達と面会をすると，子ども達から「お母さん，夜どこかに出かけちゃうの」「昨日の夕飯はカップラーメンだったよ」等を聞き，元妻には子ども達を任せられないので親権者変更を申し立てたいとの依頼を受けました。

　Bさんから聴取した内容等を基に準備書面を作成し，Bさんにチェックをしてもらい提出したところ，誤字が1カ所見つかりました。すると，Bさんから「誤字がある。こんな書面だと裁判で負けてしまう！」との電話が来ました。

　また，時間を掛けて打ち合わせをして陳述書を作成したにも関わらず，Bさんが自ら書いた10頁近くの陳述書を提出してほしいとのメールが期日前日に来ました。内容を読むと，打ち合わせでは，不利になるので書かないでおきましょうと決めた内容が多々書かれていました。そのため，Bさんに「もう一度打ち合わせをする必要があるので，今回の提出は見送りましょう」と伝えたところ，Bさんは「提出しないと負けてしまう！」と言いはってくるため，疲れてしまいました。

　依頼者と話をしていて，自分が依頼者から攻撃を受けているのではないかと感じることはないでしょうか。例えば，膨大な準備書面を書いて自分で手ごたえを感じているのに依頼者に見せると，労をねぎらわれることなくどちらでもよいような「てにをは」の問題や表記上の問題をしつこく指摘されるとか，「あれをしろこれをしろ」

と打ち合わせ抜きで命令のようにと思われる電話をかけてくることがあります。法制度を説明して，依頼者の要求が通りづらいことを告げると，弁護士がそういう制度を作ったかのように怒りをこちらに向けてくることもあります。弁護士のやる気がなくなるということは最大のデメリットですが，依頼者はそのことに気が付きません。

〈弁護士側が考えること〉

　人間関係に紛争を抱えている人は，葛藤が強くなる。葛藤が強くなると悲観的になり，何かにつけて心配になってしまい，心配を解消しないで我慢することができなくなる。他人の感情を理解することも難しくなる。どんなベテランの弁護士にも同じ対応がなされるのであって，あなたが攻撃されているわけではない。

　だから，一つひとつの言葉にいちいち反応をしないで，こういうことを言われたらこういうふうに感じますよと伝える。

１）気にしない。誰がやっても同じ指摘がなされる

　高葛藤が継続すると，悲観的な傾向が出てしまい，自分に有利な事情があってもそれを有利だと感じることが難しい状態になります。あれも不利に作用するのではないか，これも不利になるのではないかという，まるで不利な事情ばかりを探し出して心配しているような状態に陥ります。

　加えて，高葛藤が継続すると他人の感情という複雑で，目に見えないものを考えることができにくくなります。この結果，相手に対して失礼なことだということも気が付かず発言しているようです。高葛藤の相談者は，弁護士があなたではなくもっとベテランな弁護士でも同じことを言っている可能性が極めて高いのです。

　ある程度はあきらめて気にしないことです。気にしないというのは，相手が他の弁護士と比べてあなたが劣っていると攻撃しているわけではないということを自分で認識するということです。

２）安心させる

　例えば先ほどの準備書面の例であれば，準備書面の目的について訴訟の進行具合から説明し，その目的は達せられているから心配が不要であることを説明しましょう。ここでは，弁護士がムキになって説明すると言い訳をしていると感じられますから，余裕をもってにこやかに説明しましょう。

　それでも訂正を求めるならば，論点を外した必要のない準備書面を出すことで，こちらが事件の筋を把握していない等の印象を裁判所に与えてしまうというデメリットを告げて翻意を促しましょう。なお，誤字脱字であれば，訂正の上，陳述するということを説明し実行しましょう。

３）穏やかに「言われることが嫌だ」と伝える手法

　ただし，あまりに頻繁に揚げ足取りをされているという弁護士の感情は，依頼者のために全力を尽くすということができにくくなる危険がありますので解消をする必要があります。端的に，そう言われると嫌な感情を持ってしまうということを伝えるべきです。

　この場合，どう伝えるかについて，若手の弁護士は結構悩むと思います。ベテランの弁護士は結構図々しく言うことができます。その言い方を見てみると，依頼者の言動によって「自分が嫌な思いをしている」という表現をするのではなく，「誰しも」「あなたのために努力をしたにもかかわらず，そのことについて感謝もされずに，

本筋に影響のないことで批判されてしまう」と「なんだ，こんなに頑張ったのにむなしいな」と「思ってしまうものですよ」というように，「私が」ではなく通常そうだという表現を使って考えてもらっているようなのです。そして，それをにこやかに告げると良いでしょう。にこやかに告げるということは，不快な感情を「顔に出さない」ということです。

4）文句を言う相談者は，あなたを信頼しきっている

　日常生活では，大人同士は，無関係な第三者に八つ当たりしないものです。高葛藤が継続している人間も誰彼構わず攻撃しているわけではありません。

　「自分のことを分かってくれるはずだ」「自分の苦境を何とかしてくれるのはこの人だ」と感じている人に対して，「自分のことを許してくれるはずだ」という甘えが生じているのかもしれません。

　それでも，感情をぶつけられても困ります。どうすればよいのでしょうか。例えば，裁判所がこちらの申請した証人を採用しないので依頼者が弁護士に怒りを向けているような場合，まじめな弁護士の中には，裁判所の決定が当然であることを前提に，裁判所の言い分を説明することから始めてしまう人がいます。これは大変損です。まず，依頼者の憤りに寄り添った方がよいでしょう。「そうなんです。私もおんなじことを思っています」，その上で，「どうやら裁判所の考えていることは」と説明の順番を間違わなければ，依頼者は孤立を感じないで済み，無駄に葛藤を高めることが無くなります。

　弁護士が，当事者がどうして憤っているかを言い当てて，「当事者ならばそう思うのが当然だ」と言ってあげる余裕があれば，さらに当事者の葛藤は鎮まるでしょう。

17

3．「今さらどうでもよくなった」と言われても

〈ケース〉

Cさんから，夫から長年モラルハラスメントを受けていたので夫に対して離婚と慰謝料，財産分与を求める裁判をしたいとの依頼を受けました。モラハラの客観的証拠はなく，慰謝料が認められる可能性は高くない旨を説明したところ，Cさんも「慰謝料が難しいのは分かっていますが，彼は慰謝料請求されるようなことをしていたとは思っていないので，それを分からせたいだけです」ということでしたので，Cさんの希望通り，訴訟を提起しました。

次々回尋問期日というところまで進み，裁判所から陳述書の提出を促されました。Cさんが「私，まとめてみます」というのでお願いをしたのですが，期日近くになっても出来上がりません。Cさんに連絡をしたところ「どうせ私の慰謝料請求は認められないですよね。こんなに頑張って主張していたのに，裁判は無駄だったのかなと思ってきました」等と言います。書面提出期限が迫っているのに，どうしようと焦燥感に駆られています。

訴訟も最終段階となり，いよいよ証拠調べという段階や，あるいは証拠調べが終わって和解の話を詰める段階になったというのに，依頼者が訴訟活動を放棄してやるべきことをやろうとせず，「もうどうでもよくなった。あとは先生が決めてください」と言って投げ出しているかのような言動がなされる場合があります。そう言われても弁護士としては困ってしまいます。書面の提出期限や次回期日が

迫っていきます。

〈弁護士側が考えること〉

　依頼者は何らかの望みをもって弁護士に依頼をする。依頼者にとって弁護士費用は高額だ。決してどうでも良いということはない。しかし，高葛藤が継続している場合，悲観的思考になりやすく，絶望を感じやすくなっていることがある。それから疲れやすく，普段ならできることもなかなかできなくなります。絶望と疲労が重なると，自分では何もできないという感情に襲われることがある。

　だから，依頼者がどこに絶望しているのだろうか，何ができないのだろうかを探し出しましょう。

1）裁判の成り行きに絶望している

　これはいくつかのパターンがあります。1つ目は，実際はそれほど悲観的になる必要がないのに，裁判官の説明がわかりにくいために，敗訴になるしかないと勘違いしている場合があります。裁判官の説明をかみ砕いて話して，理解をしてもらえば，絶望を回避することができます。

　2つ目は，現実に敗訴の見通しが高くなった場合です。越えなければならないハードルをどう超えるかプランを立て努力の方向を具体的に示すことによって，前向きになる場合もあります。

　何のために訴訟を提起したのか，初心に戻るべきです。これを行うためには，訴訟提起の前に，訴訟の目的をきっちり話し合って，打ち合わせメモ等に文章で明記しておくことが有効です。そうして，判決で敗訴したとしても，目的が達成されている部分があるなら，その点を大いに評価するべきです。高葛藤の依頼者は二者択一的思

考に陥っています。勝ちか負けだけが評価の基準ではないことを思い出してもらうことが有効です。

　はじめは勝ち筋だと思って裁判をやったのに，結局は主張が認められないという場合は落胆も大きくなるでしょう。敗訴のリスクはどんな事件でもきちんと予想し，説明しておくことが必要です。「必ず勝つ」と言ってはいけない理由もここにあります。敗訴のポイントについては，きちんとわかりやすく分析し，理解してもらうことが必要です。

　それ以上訴訟活動をすることができない場合，してもしなくても結論が変わらない場合は，取り下げができれば取り下げを行い，敗訴的和解をすることも選択肢にいれるべきかもしれません。遅延利息を免除してもらう，訴訟費用を各自が負担するということでも，不安が減少するかもしれません。選択肢をきちんと依頼者に提起するとともに，損害を最小にするための方法を説明し，それに向けて努力するべきでしょう。

２）証拠収集活動ができない

　陳述書が書けないなど，依頼者がやるべきことをできない，ということで困る場合があります。例えば，調停等，その後に裁判となるような場合は，その手続きごとで必要な陳述書を作成するとき，依頼者が自分で陳述書を作成する能力がある場合には，弁護士が依頼者に作成を任せることがあります。

　しかし，調停では陳述書を作成できたにもかかわらず，訴訟において作成できないと言われた場合，弁護士には依頼者ができない理由が理解できません。

　依頼者は，嫌なことを思い出して陳述書を作成しなければなりま

せんので，その嫌なことに向かい合うだけでも強い心理的な負担が
かかる場合があります。また，ワープロソフトは使っているけれど，
使い方がよく分かっていなくて，本来自動に処理できることも手動
で行うために膨大な時間がかかりワープロに向かうことがトラウマ
になっていたということも実際にあったことです。

　または，打ち合わせの時は調子よく，重要参考人に事情聴取をお
願いすることを約束しても，実際は連絡を取ることに心理的な抵抗
があってなかなかできなくて，弁護士から問い合わせを受けるたび
に苦しい思いが積み重なっていたという場合もあります。

　弁護士が簡単にできることを弁護士自身が行うことによって，依頼
者の心理的負担が軽くなることは多くあります。何が障害になってい
るかなかなか気付かないことが一番の問題です。いろいろな可能性を
先入観なく検討し，依頼者とよく話し合いをすることが大切です。

3）実際に体調が悪い時もある

　なかなか連絡が取れず，最終的に，もう投げ出すという宣言があ
る場合，依頼者自身の体調が悪い時もあります。実は入院していた
こともありました。

　こういう場合，まじめな弁護士ほど，「決めた日付までに決めら
れたことをしなければならない」という気持ちが強く出すぎてしま
い，ついひんぱんに催促をしたり，叱咤激励をしてしまったりする
ことがあります。そうすると依頼者は，自分の体調が言えなくなっ
てしまうことがあります。高葛藤が継続する場合，やらなくてはな
らないこともどうしてもできない場合があります。弁護士は裁判所
に事情をきちんと話し，期限を延ばしてもらう作業も必要になるこ
とがあります。

4．気持ちは痛いほどわかるが，事情が伝わらない

〈ケース〉

　市役所主催の相談会に参加しました。相談予約がたくさん入っており，相談時間30分は厳守するように言われました。Dさんが，家庭内トラブルで悩んでおり相談にきましたが，法律的に関係あるとは思えない話ばかりをし，いつのことを言っているのか，具体的に何に悩んでどうしたいのかが理解できないまま，時間が経過してしまいました。残り時間が10分となり，どのような解決方法を提示したらいいのかと焦って，相談内容が耳に入ってこなくなってしまいました。

　街の相談会などで時間が短いなどの制限がある場合，相談者が必要以上に焦ってしまって，要領よい説明ができずに，時間が終わってしまうことがあります。何か大変お困りのことがあるとか，とてもつらい思いをしているのは分かるのですが，残念ながら何について相談したいのかわからないと相談になりません。勇気を出して相談会に来たのに，相談者からしても意味がなかったと強く感じられると，解決する方法を見失って，その方の法的サービスを受ける権利が失われかねません。相談者の利益や権利を考えた場合，弁護士はできる限り相談内容を引き出すことが求められます。

〈弁護士側が考えること〉

　人間関係に紛争を抱えて葛藤を抱えている場合，感情があふれて理路整然と話せず時間が経過することが多い。弁護士が舵取りをし

て話を整理する，次につなげるだけでも依頼者にとっては有用なため，時間内に必ず法的アドバイスを与えて解決させようと思わなくて良い。

だから，

・大づかみなところから細部に行く場合と細部から始めた方がよい場合のどちらにするか決める
・図面を活用する
・今回で全面解決にしなくてもよいから，次につなげてあげる

1）「何のご相談ですか」と聞く

　話が全く見えない場合は，「何のご相談ですか」と尋ねることが有効です。離婚のことなのか，労働問題なのか，大づかみに手掛かりを探すべきでしょう。

　離婚の問題だということは分かるけれどやっぱりその先が分からないという場合は，時系列を作るとよいと思います。離婚の問題であれば，「型どおり聞いていきますね」と始めて，まず，結婚したのは何年ですか。お子さんはいらっしゃいますか，別居したのはいつですか，と流れを聞いていくうちに相談者の頭の中も整理されていきます。別居の引き金はどこにありましたかと尋ねると，どちらが原因でどのような現状となっているか見えてくるでしょう。

　それでも，結局弁護士として何を答えればよいか分からない場合もあります。そのような場合は，端的に，「私は何をお話しすればよいですか」「今何にお困りですか」などと聞いた方がよいと思います。

2）紙に書く

　時系列を聴取しながら，相談者に見えるように時系列表を作ることが有効です。人間関係の関係図を作ることもお勧めします。相談者も頭の中で悩んでいたことを客観視できます。紙に書いたものを見ると，いろいろな気付きを得ることができます。

3）落ち着かせるアドバイス

　相談者に落ち着いてください，と言うのは意味がないどころか逆効果になるでしょう。お茶でもどうですかと勧めてみたり，まだまだ時間がありますから，ゆっくりお話ししてくださいね，という方が落ち着く効果が生まれるでしょう。

4）次につなげるアドバイス

　それでも，時間切れになることはあります。時間切れになりそうならば，今度相談に来られる場合に準備していただくことを説明しましょう。時系列表は，相談者の頭の整理になるし，事態を客観視するきっかけにもなりますから，自分が作成した経過表を見せて，こういう風に簡単でよいから，順番を間違えないで作成するように促しましょう。必要な資料を持ってこない相談者も多いですね。例えば境界紛争の場合なのに，登記とか公図を持参されない場合があります。どこで何をとるか，写真を合わせてご持参いただくとよいなどのアドバイスは相談者の利益につながります。

　一度で解決できなくても仕方がありません。次の相談につなげて解決に向かっていると実感を持っていただくことができれば，最初の相談担当者としては役割を果たしたことになると思われます。

5）要件事実に弁護士が縛られていないか

　相手の言っていることがわからない場合において少なくないケースとして，弁護士が相手の困りごとを直接受け止めておらず，法的処理の方法ばかりを考えて，それに当てはめようとしながら相談を受けてしまっている場合があります。特定の法律を念頭に置いてしまって，要件事実ではないことを，関係のない話として困りごとの意味を理解しようとしないことがあります。これは間違いです。例えば，相談者が訴えたいのは，離婚ではなく，夫婦関係の改善にもかかわらず，婚姻破綻の事実を探してしまったりしている場合です。夫婦関係の円満調整調停も，弁護士の職務範囲ですから，離婚しか相談に乗らないのは乱暴な態度だと思います。もっとも初めから離婚しか相談に乗らない旨説明している場合は仕方がないかもしれません。依頼者からすれば，自分の困りごとがどの法律の問題か，したがって要件事実は何かなんてことは知らなくて当たり前です。弁護士側は決めつけをしないで，ダイレクトに相談者の困りごとを聞き，訴えの中心はなにかということを判断しなければなりません。

5．あなたの望みは叶えられないと，どのように説明するか

〈ケース〉

　Eさんから，友人Fに100万円を貸していたが返してもらっていないとの相談を受けました。ただ，いつ貸したのかを聞いたところ約20年前の話だったため，消滅時効の説明をし，相談を終わらせようと思いました。しかし，Eさんは，当時，生活が大変な中でも友人のために苦労してお金を集めた話などをしようとしてきます。消滅時効という回答が出ているので，これ以上相談を聞く意味はないと思っているのに，Eさんは話を止めようとしません。

　弁護士からすれば，初めから無理な相談というものがあります。相当前に消滅時効となっている債権の履行，債務名義にならない行為の要求，犯罪に該当しない行為をする人を逮捕してほしい，処罰してほしいとか，いろいろと経験があると思います。それ以前の相談がシリアスで差し迫った問題の相談だったのに，時間が無くなって次の相談で応えようとしたら，法律相談ではなかったなどという場合には，イライラが顔に出るかもしれません。しかし，無理な相談をする相談者には何の責任もないことです。

〈弁護士側が考えること〉

　まず共感しようとしてみることがその後に良い影響を及ぼすかもしれない。法的サービスには，法的には実現しない事実を納得してもらうことも含まれているのではないか。

また，近代的市民権である，自由，平等も王政の中では認められなかったし，労働基本権，例えば労働組合を作ることも当初は犯罪として禁圧されていた。権利が生まれるときは，多くの人からそれは無理な主張だと思われる主張から始まることが多いものである。頭ごなしに既存の価値観等から主張を否定しないことにも留意するべきだろう。

だから，<u>まずは思いを受け止めて共感をした上で，法的には実現困難であることを説明しましょう。</u>

1）相談者の思いを受け止める

本当に実現が困難な相談もあります。気に食わないから処罰しろと同じ意味合いを言っている場合もありますが，そのことに相談者は気が付いていません。

しかし，そもそも，弁護士のところまで相談に来るわけですから，一般には，よほどの決意をもって，やむにやまれない思いで，相談に足を運んだと考えるべきです。

だから，まず，そのやむにやまれない気持ちがどこから来ているのかを考えることが相談者に対する配慮です。そして，相談者がそのような感情になることに共感ができるならば，その感情すらも否定する必要はないはずです。誰しも，そういう状況になったら，そういう感情になるなら，そのことを言葉にして共感を示すべきです。

そのうえでそれを実現する法律がないということを説明すれば，相談者も納得しやすいでしょう。それを最初から，そういう法律はありませんからお帰りくださいというような態度を示してしまうと，相談者は弁護士によって傷つけられてしまいます。

もともと高葛藤の相談者は，対人関係に紛争を抱えて，その対人

関係の中で自分がされるべき尊重をされていないために，危機感，不安を感じています。このため分析的な思考が苦手になっており，自分を守るという意識が強くなることから，常識的な判断すらできにくくなっています。その感情を解消するための法律手段はないと身もふたもないことを言われてしまうと，弁護士は自分を拒否的に扱ったという思いが生まれてしまいます。

　そこまで極端ではないけれども，なかなか採用できない主張を持ち出されることがあります。これも同じように，まず共感を示し，それを実現したいということは理解できるし，共感はできるということを示したうえで，「しかし現実の法制度が……」と続けた方がうまくいくことが多くあります。

2）既存の価値観に囚われ過ぎない

　もっとも，弁護士が過度に常識に縛られて，現状の法制度だけを基準に物事を捉えることにも問題があるという考え方を頭の片隅に入れておきましょう。およそ権利が生まれるときは，もともとなかった権利が法的権利として認められるという価値の変動が起きているわけです。例えば，過労死が労働災害や民事賠償の対象となることは，昭和の時代にはなかなか考えられないことでした。くも膜下出血で死亡したのに労災認定されるということは無理でしょう，と当時の弁護士の多くは法律相談で答えていたはずです。その法律的常識を良しとせずに，納得しない遺族の強い思いが弁護士や医師を動かし，過労死として労働災害や損害賠償の対象とされて行きました。相談者の思いを真正面からまず受け止めてみることは，弁護士としてやらなければならないことなのかもしれません。

6．電話でちゃぶ台返し

〈ケース〉

　Gさんから，上司からセクハラを受けたが会社は何もしてくれなかったとして，会社と上司に対して損害賠償請求をしたいとの依頼を受けました。Gさんは「私はお金が欲しいのではありません。セクハラを訴えても放置するような企業体質が変わってほしいんです」ということでしたので，依頼を受けて訴訟提起しました。

　会社側はセクハラの事実は認めませんでしたが，セクハラの訴えに対して適時適切な対応が遅れたことに対して謝罪をし，今後は適切なセクハラ対策を講じることを約束する等の和解案が提示されました。客観的証拠が乏しかったため，有利な判決は期待できないので，和解を受け入れるメリットがあると考え，1時間以上かけてGさんと打ち合わせをし，Gさんは和解案を受け入れることとなりました。しかし，打ち合わせ翌日に，Gさんから「あの後，周りの人にも話してみたのですが，辛い目にあったのに慰謝料が一銭も支払われないなんておかしいと言われました。私も慰謝料が支払われないのは納得できません！」との電話がきました。あんなに話し合って，本人もOKと言ったのに，また一から打ち合わせで説得しなきゃいけないのかと思うと，一気に疲れてきました。

　例えば，公的機関や大きな企業を被告とした裁判などが大詰めとなり，善戦むなしく，立証が極めて不十分だというような場合，判

決で終わりになってしまうと請求棄却だけになってしまう見通しという場合はあることです。もともとが，将来的に自分と同じような思いをさせる人を減らしたいという考えで始めた裁判だから，損害賠償は認められないとしても，一定の謝罪や，将来に向けた対策を和解内容として盛り込んでもらえることは，裁判所や相手方代理人の尽力で実現できそうだということもあります。弁護士としては，裁判をやった目的を少しでも実現するために和解を勧める流れになります。裁判官や相手方代理人の気持ちにも応えようと思うでしょう。

　ところが，依頼者は，十分な金銭賠償がなければ納得しないとして，これに応じない。そうかといって敗訴もいやだという膠着状態が生まれてしまいます。気持ちを考えるともっともなことです。それも間違いなく本音ですから。賠償を支払うことによって責任を認めたと感じるのであり，お金が欲しいという場合だけではありません。しかし，弁護士は結論を出さなければなりません。長時間かけてメリットとデメリットを説明して，ようやく，それでは和解しかないという結論に達することになったとします。

　かなり遅い時間まで打ち合わせをして，翌日裁判所に和解に応じる旨の連絡を入れようかと思っていたら，電話が鳴るわけです。何かと思って電話に出ると，「やっぱり和解はしたくない」。それではどうするということも問題ですが，デメリットのことが依頼者の頭からすっぽり抜け落ちていることに愕然とします。あの打ち合わせ時間は何だったのだろうと，疲れがどっと押し寄せてきます。昨日はデメリットを理解したうえで，不利益は引き受けると言っていたのに，翌日電話でちゃぶ台返しのようにひっくり返されることは多くの弁護士が経験していて，心が折れる典型的な場面だと感じてい

るようです。

　話を聞いていると，打ち合わせの後，誰かに電話で和解をすることになったと報告したところ，相手がそんなことで和解をしたら裁判をした意味がないじゃないかと言われたケースも多くあります。依頼者としては，第1希望は，適正な賠償をもらって謝罪してもらいたいのですから，本当はそうしたいに決まっています。それはそうだと思います。それにもかかわらず不利な条件で和解をしなければならないのですから，できれば第1希望で解決したいのももっともです。どうしても自分の気持ちに沿った提案に飛びつきたくなるのは当然です。もちろん，無責任なアドバイスをする人は，当事者の「感情」に寄り添っているだけで，勝訴の見通しや方法などは考えてもいません。法律制度を知らないことはもちろん，たいてい裁判の進捗状況や，事実関係すら正確に把握していません。それでも当事者は，自分の気持ちに沿った方向に流れることが多くあります。

〈弁護士側が考えること〉

　依頼者が聞こえの良いアドバイスに流されるのは仕方ないことである。弁護士による依頼者に対する理解のさせ方・説明の仕方が悪かったのではない。依頼者の気持ちの変化はやむを得ないと割り切ることも必要。だが，依頼者が不利益を理解しているかの確認は必要である。

　だから，こういう仕方がないことはあると割り切りましょう。また，後から依頼者が確認できるよう，再現性のある打ち合わせをしておきましょう。

1）割り切る

　まず，気が変わることは仕方がないという割り切りは必要です。ここまでお話してきたように，気が変わるメカニズムがあるからです。

2）メモを作成する

　ただ，一度は納得した結論であるので，そういう結論になる必要性はあったのだと思います。気が変わり結論を変えるのは，依頼者にとって不利益になる場合も多いと思いますから，できる限り防止するべきだと思います。

　まず，意思決定をする場合は打ち合わせメモを作成して依頼者に渡す。その際，どうしてその意思決定をしたのかについて，大まかで構わないので理由を書き込む。合わせてデメリットを書き込む。依頼者は，このデメリットについて忘れていますから，それを書き込んで確認できる状態にすることは有効です。立証ができなかったポイントも書き込んでおいたほうが良いと思います。これらは，依頼者の意思を変えないようにというよりも，依頼者が無責任な支援者に説明できるようにするという意味合いもあるわけです。

3）デメリットの確認

　ただし，最終的には依頼者が自分で決めることなので，やむを得ないことだという割り切りも必要です。もっとも，デメリットをきちんと認識しているのか，今後はどうするのかということをしっかり確認する必要があります。電話で話を変えてしまうことは，弁護士としても不安があります。もう一度面談で確認する方が後々安心ではないかと感じます。再度の面談が実現した場合には，長時間か

けて話し合った結果を電話一本で結果だけ変更されてしまうのは，弁護士と依頼者との信頼関係を損ねることを説明し，もし大きな結論を変える場合は再度面談の上で行うことを要請し，これらも打ち合わせメモに記載するべきではないかと考えています。

7.「あなたは悪くない」って言って本当に大丈夫ですか

〈ケース〉

　Hさんから，かなり体調がすぐれず精神的にも落ち込んでしまうのは，夫や同居中の嫁が原因だという相談を受けました。どうして夫たちが原因と思うのかを聞いたところ，急に声を小さくし「亡くなった祖父が夜中にこっそり教えてくれたんです」と言ってきました。Hさんは統合失調症と診断されているということでしたので，妄想が強く入っているだろうと思いましたが，息も絶え絶えで苦しそうであったため，「あなたは悪くありませんよ」などと話したところ，「そうですよね！　悪いのは夫や嫁ですもんね！」と言い，元気な様子で帰って行きました。妄想を強めてしまったのではと心配です。

共感と言葉に追随することとの違いを意識しなければならない

　相談を受けていると，誰でも目の前の相談者に肩入れしたくなり，苦しんでいる状況から何とか救ってあげたいと思うことが普通です。夫から，責められ続けている妻の相談を聞いていると，つい，「あなたは悪くありません」と言ってしまうものです。そういうことを言って寄り添ってあげる人がいるということがプラスに働く場面もあるでしょう。しかし，弁護士がそれを言ってしまうと，相談者に思わぬ損害が生まれることがあります。

〈弁護士側が考えること〉

　弁護士は，言葉に寄り添うのではなく，その人の置かれた状況を

解決することが役割である。

　だから，**安易に事実関係を断定せず，一緒に解決の道を考える姿勢を示しましょう。**

　弁護士のもとに訪れる相談者は，人間関係の不具合を抱えています。相手があることで悩んでいるわけです。「あなたは悪くない」と言ってしまうと，紛争の相手が，相談者の悩みを生んでいることになってしまいます。極端に言うと，相手が相談者を加害しているというように，相談者から見れば弁護士が断定したという感覚になってしまいかねません。ところが，相談を受けたばかりの弁護士は，事実関係はほとんど知りません。ただ，目の前の相談者が苦しんでいるということを知っているだけです。それにもかかわらず，弁護士から，あなたは攻撃されていると断定されたことになると，相談者の被害意識が拡大し，固定化されてしまいます。わかりやすいのは認知症の例です。認知症は物取られ妄想などを周辺症状として伴うことが多く，自分の面倒を見ている息子のお嫁さんが自分の財布を盗んだ，などと事実ではない妄想を抱くことがあります。統合失調症の場合も，幻覚・幻聴から被害妄想を抱くことがあります。

　冒頭のケースでは，弁護士は，相談者が苦しそうにしているから心配して，あなたは悪くありませんよなどと話しただけなのに，相談者は，息子のお嫁さんや夫が自分を苦しめていると弁護士も言っているということで，被害感情を強めたり，相手を攻撃したりする危険が生まれてしまいます。その結果，同居家族から親身な面倒を見てもらえなくなったり，病気を抱えながら離婚を余儀なくされたりするという取り返しのつかない不利益が生まれることになってしまいかねません。事実関係が確認できないのに，良い，悪いという

価値判断をすることは大変危険なことです。

　また，複雑性PTSDという診断の提唱者であるハーマン Herman, J. も，あなたは悪くないという言葉を支援者が使うことに警鐘を鳴らしています。相談者のあまりにも悲惨な状況を受け止めきれず，あなたは悪くないと言ってしまうことがあるというのです。支援者の自己防衛手段だと厳しく批判しています。

1）まず，断定を避ける。特に，二者択一的な評価をしない

　「あなたは悪くない」と言うことは，対人関係の紛争の場合，相手が悪いと言ったことと同じように受け止められることがあるということを自覚するべきでしょう。

　苦しい様子を見て，苦しいんでしょうねと事実に基づいて共感を示すことで必要十分でしょう。どうしてもそれ以上の言及をする場合は，あなたの言う通りこういう事実関係があるとあなたが感じたら苦しくなるでしょうね，などという決めつけのない表現も有効かもしれません。実際，相談者や弁護士が思っているほどは，相手は相談者をないがしろにしているわけではないかもしれません。必要以上に，事実関係を断定してしまって，無駄な不安感や必要のない疎外感を与えたり，固定化したりすることは慎みましょう。

2）決めつけない

　何度も言う通り，言い分も聞いていない相手を悪く言うのは厳禁です。対人関係の紛争では，誤解から出発するものが多くあります。また，対処方法を間違えて，良かれと思ってやったことで関係がこじれている場合もあります。初めから，どちらかが悪くてどちらかが正しいという決めつけはやめましょう。対人関係の不具合がある

という客観的な評価を心掛けた方が，その後の解決もスムーズに進むことが多いように思われます。弁護士が紛争を作ったり，紛争を拡大したりして，相談者や依頼者の葛藤を増やしてしまったのでは，取り返しがつきません。

3）一緒に考えるという姿勢が一番手堅い

　悩み苦しんでいる人を見ると，何とか助けたくなることが人情です。気休めも役に立つときは立つものです。ただ，弁護士として相談に乗る場合，安易な気休めは，これまで述べた通りデメリットも多くあります。一緒に考えることがもっとも手堅い，間違いのない姿勢だと思います。相談者も自分のことなのでその人なりに考えています。いかに岡目八目とはいえ，第三者が少し話を聞いただけですべて解決できると考える方がおかしいのかもしれません。解決ができるという思い自体，傲慢かもしれないという観点は持つべきなのでしょう。

　弁護士は，一緒に考えて，当事者が考えることを手伝う職業だと思います。私は刑事弁護がまさにそのような活動だと思います。

　その際に，自分の状況を相手に伝える方法を一緒に考えることが有効な解決になる場合があります。対人関係の問題は疑心暗鬼から発生していることが多くあります。相手も自分の言動で他人を苦しめている自覚がない場合もあります。不安を言葉にして相手の懐に入り込んだ結果，解決することはよくあります。弁護士と相談した内容をそのまま相手に話してもらう方法も有効な場合が多くあります。弁護士が介入するよりも，弁護士に相談したという事実によって，相手が解決しようという動機をもつこともあります。

　ただし，当事者同士の解決が難しい場合ももちろんあります。そ

ういう場合は，法律事務所の連絡先を教えるとか，相談内容によっ
ては，連絡先は弁護士以外の区役所の相談係とか税理士や社会保険
労務士という士業だったり，NPO 等の場合もあるでしょう。どこに
相談するのが良いかをきちんと教示しておくことが必要だと思いま
す。弁護士だけで解決しなくても相談先を告げて一緒に解決しよう
という姿勢をみせることで，自分には自分のことを心配する人間が
いるという感じられ，相談者に勇気と自信を与えることでしょう。

8．私はこう言われたと同じことを大声で言われても

〈ケース〉

Iさんから離婚の相談を受けました。日常的に夫から「お前は何もできないクズだ」「家事を手抜きしやがって」等と怒鳴られるそうです。暴言の内容を詳しく聴取しようとしたところ，Iさんが「こういう風に顔を近づけてきて『このアマ！　俺をなめんじゃねーぞ！』って言ってくるんです！」等と徐々に興奮状態となり，声も身振りも大きくなっていきました。私は怖さを感じ，Iさんは何か精神的な問題を抱えているのではと思い，発言内容をメモするだけしかできなくなりました。

抑制が効かない依頼者

自分がどんなにひどい目にあったかという話をしている中で，相手から自分に言われた言葉を言われた通りに大声で弁護士の前で再現する人は結構います。罵声を浴びせられた場面を再現されてしまうと，弁護士も自分が罵声を浴びせられているような気持ちになり，不愉快になったり怖くなったりするものです。

おそらく，相手が話した通りを再現しているのではなく，言われた時の自分の心情を再現しているように感じられ，実際よりも激しく再現されることが多いのではないかと思われることもあります。

〈弁護士側が考えること〉

自分が怒られているわけではないが，感情的に話されると怖く感じてしまうことは当然のことである。

　だから，<u>自分の思いを伝える際に感情的になることは通常であること</u><u>を理解しつつ，大声などを出さなくても理解できることを伝えましょう。</u>

　夢中になって話をしているときに，そのような表現を使うと，相手がどのような気持になるのかについて考えが及ばないことはよくあるでしょう。自分の苦しみを訴えるために再現をしようということは世間話ではよくあります。どうやら怒りは，自分が安全な場所にいる認識がないと起きない感情のようです。言われた時は相手に勝てないという無力感などがあることが多く，怒りを感じられないというか，怒りを自ら封印してしまい，それが苦しくなっているような印象も受けます。怒りを解放できたことで，解決に向かっているならそれも仕方がないことかもしれません。

　また，この再現に，依頼者の悩みや解決したいポイントが詰まっているのは間違いがないようです。弁護士に紛争解決の要点はなにかという考えるきっかけを与えてくれているとも言えるでしょう。

　ただし，いかに，こちらに攻撃的感情が示されているわけではないと頭で理解しても，しょっちゅう事務所などで大声を出されると，どうしてもびくついてしまい，自分を守ろうという考えも持ちますし，相手は変な人だとか，精神的に不安定なのではないかと敬遠する気持ちが生まれてくるのも人情です。

　やはり，「あなたが言われたことの悔しさは十分理解できるし，それは大声を出さなくてもこちらは分かります。それにもかかわらず大声を出されてしまうと，こちらは怖くなってしまって警戒してしまいますから，大声は出さないでくださいね」と冷静に言葉でお願いしてよいのではないかと思います。この場合も，まず，そうなることは通常だという肯定ないし共感を示してから要望を伝えることが有効でしょう。

9．深刻な悩みの原因は案外気が付かないことが多い

〈ケース〉

　Jさんから，「朝，通勤電車から降りると動悸が激しくなってしまうんです。でも会社に遅れるわけにはいかないので，何とか頑張って歩こうと思うのですが，思うように身体が動かなくなってしまうのです」との相談を受けました。詳しく話を聞くと，職場内で同僚から仲間外れにされ，一人だけ飲み会に誘われない等のいじめにあっているようです。Jさんは，仕事だからちゃんと職場に行かなきゃいけないとの義務感が強く，仕事に遅刻することへの罪悪感を強く持っていました。まずは病院に行くように促したら良いのか，どのようなアドバイスをすればよいか迷ってしまいます。

「とにかく苦しくなって，家に帰ろうとすると足がどうしても動かなくなるのです」

　相談を受けていると，家庭や職場に向かおうとすると足が止まってしまってどうしてもできなくなる。あるいは，気分が悪くなってトイレに行って吐いてしまうなどという相談にあたることがあります。

　話を聞いていくと，実は夫が自宅で浮気をしていた証拠を見てしまって夫の顔を見ることも苦痛でたまらないとか，職場でパワハラを受けていたというような事実が出てきます。でも，本人は自分の苦しみが正当なのか分からない，苦しんで当たり前だという確信をもてない。仕事だから，妻だから，そこに行かなければならないの

ではないかという義務感や責任感に突き動かされて無理をしている場合があります。

　やはり，人間は，対人関係の中で尊重されていたいという本能を持っていて，尊重されていない事情があると誰しも心身に不具合が起きるということを説明するべきだと思います。

〈弁護士側が考えること〉

　人間は自分の苦しみの原因がわからないことがある。人間は，対人関係で尊重されていないと心身に不具合を生じてしまうのである。

　だから，家族や専門家などの協力者の存在を提案してあげましょう。

　人間関係図を作成するなどして，問題の生じている人間関係を特定するべきでしょう。相談者の感情はいったん度外視して，客観的事実の抽出を行いましょう。

　問題は，その出来事が強烈か否かということよりも，継続した人間関係の状態がどうなっているかにあります。つまり，一度不合理な叱責があったとしても，その後きちんとした謝罪や，誰かのフォローがあれば，その人間関係を続けることへの不安は起こりにくいようです。

　ところが，その出来事が元々の冷たい関係が表面化したものであったり，その一つひとつは細かい嫌味のようなものでも，継続して無視されたり，差別されるなど尊重されない人間関係が持続しているならば，強いストレスが起きるようです。もちろん強い精神的打撃を受けることが頻繁に起きてしまうと，特別な出来事が起らなくても，また同じような攻撃を受けるのではないかと，持続的な不安

を強いる状態が存在していることになります。それにもかかわらず謝罪もフォローもなく孤立してしまっているとしたら大変危険です。非常にストレスの高い状況にあるわけですから，それが精神的な疾患につながる可能性も高くなります。心配な言動がある場合には，カウンセリングを受けることなど，専門家への相談も勧めましょう。

　できるだけ，カウンセラーや精神科医の専門家の助けを借りて，場合によっては専門家と一緒に事に当たり，ストレスを軽減する対策を立てるべきです。また，職場では味方がいないという場合でも，家族が心配して協力してくれるなら，家族という協力者の存在を意識づける等，なるべく多くの人との協力関係の中で事に当たることが望ましいと思います。

10. 期限を守らない依頼者

〈ケース〉

　依頼者Kさんに，次回期日1週間前までに陳述書を提出する必要があると伝えたところ，陳述書の下書きを作成しますということでしたので，お願いしました。しかし，締め切り前日になっても連絡がないため，Kさんに電話をしたところ，「すみません，まだできていません」と言われました。私は，Kさんができると言ったから任せたのに！　と頭にきてしまい，「締め切りは明日なんですよ？！　どうするつもりですか！」と怒ってしまいました。

守れないのかもしれないという知識と守れない場合の弁護士の処理

　調停や訴訟などで，陳述書というほど大げさなものではないにしても，依頼者に直接書面を作成していただく場合や，下書きやデータを作成していただかなければならない場合があります。依頼者の書面をチェックするとか，弁護士が改めてワープロ入力することも多く，例えばその1週間前に弁護士への提出をお願いして，打ち合わせを入れることもあるでしょう。依頼者も「それくらいならその日までにできます」と言っているので，心配はしていなかったところ，その打ち合わせの期日までに依頼者が準備してこないことがあります。日程をタイトに定めていた場合は特に，弁護士は期日に間に合わないとパニックになってしまいます。約束を守らないことも手伝い，ついつい，依頼者に厳しいことを言ってしまうこともあるかもしれません。

〈弁護士側が考えること〉

依頼者は，約束を守らないのではなく守れないのかもしれない。そのことが依頼者にとって心理的な負担が大きいことがあることを理解する。依頼者に代わって謝るのも弁護士の仕事という考え方もある。

だから，依頼者ができなかったことを責めず，できなかったことについてのフォローや対処法を考えましょう。

1）できないことには理由がある

依頼者にとって，調停や訴訟は一生に一度あるかないかの一大事です。自分のために行うわけですから，いい加減な気持ちだったり，準備に手を抜いているということは通常はありません。なので，「やろうとしたけれどやれない事情があったのだ」という見方を持つようにすることが間違いのないことかもしれません。

今日が期限であることはわかっている。しかしできない。「弁護士からも厳しく指摘されるだろう」という不安を持っていると考えるべきです。

そうだとすると，一番まずいことは，「どうしてできなかったのですか」「どうしてもやらなければならない大切な準備なんですよ」等と暗にサボっていたのかと糾弾するような発言はしないことが大切です。そんなこと百も承知だけどできなかったのです。期限を守らなかった理由をダイレクトに聞いても本当のことを話してくれないことが多いです。また，今さら言っても仕方がないことです。

「思ったより難しかったですか？」と尋ね，そういうことはよくある普通のことだという態度を見せることで，安心して理由を話し始めるということの方が多いと思います。

理由として考えられることは以下のパターンがあります。

- 事件のことを思い出すと，悔しくてたまらなく文字を書くことがどうしてもできなくなってしまった。
- 事件のことを思い出すと，怖くなって，文字を書くどころか冷静に座っていることもできず，眠れなくなるなどの症状が出た。
- よくわからないけれど，文字を書こうとすると辛くなる。
- 完璧に書かなければならないと思うとどう書いてよいのかわからなくなった。
- 完璧に書こうと思って書き進めていたが，途中で力尽きた。全部書かないと恥ずかしいから「できていない」と言った。
- 事件と同じ程度の大きな出来事があって文章を作成する時間がなかった。けれどこの問題を自分が軽く見ているとは思われたくなくて連絡ができなかった。

今までの経験ですと，上記のような期限を守れなかった依頼者の方々がいらっしゃいました。

依頼者に作成を依頼したときは，快く自分が書くことを宣言したのにもかかわらず，事件にあまり動じた様子もない雰囲気であっても，一人に戻って事件に向き合うと，強い葛藤を抱えてしまうことが多くあります。

2）対処法を考える

途中までででも，何もできなくても良いからと言って打ち合わせに来てもらい，聴取して，弁護士が完成させる。これが基本になるでしょう。特にできない理由がわからない場合は期限を延期しても同

じことになると思われます。ただし，本人がどうしても自分である
程度書きたいと言うときは，それを止めるわけにもいかないと思い
ます。

　しかし，それでも時間が足りず，陳述書などが期限までに提出で
きない場合もあります。こういう時どうすればよいのでしょうか。

　一番に考えることは，期限を延ばしてもらうことでしょう。私の
場合は裁判所に上申書を入れ，具体的な事情を書記官や裁判官に伝
えて謝るということをします。同時に相手方代理人にも事情を説明
して，謝罪を入れます。できないものは仕方がないということで，
プロフェッショナルに謝るわけです。謝るのが嫌な人も多いのです
が，自分が悪いわけではないと開き直ることもできますし，案外慣
れるものです。

11.　大変だ大変だというけれどなんか変だ

〈ケース〉

　Lさんから，夫が生活費を十分に渡してくれない，クレジットカードも取り上げられてしまい，とても困っているとの相談を受けました。生活費を渡さないということは経済的DVですので，DV被害者であることを自覚してもらう必要があると思い，詳細を聞く前に「あなたは気づいていないかもしれませんが，それもDVの一種なんですよ」と伝え，DVについて講義しました。しかし，その後，話を聞いていくうちに，Lさんが，ブランド品を大量購入して夫から怒られていたことなどが分かってきました。今さら，DVではないかもしれないと伝えたら，Lさんからの信頼がなくなってしまうため，どのように言い訳をしようかと冷や汗が出ています。

脚色された事実に振り回されない

　弁護士になりたての頃，「大変だ大変だ」とか，「困った，困った」と言って法律事務所に駆け込んでくる人は注意しろと，大先輩から教えられたことがあります。そういうものかもしれないなと思った反面，弁護士は，大変な事態をたくさん見ているから慣れてしまうこともあるのではないか，ましてや自分のことなので大変に思うのは自然なのではないかという気持ちもどこかにありました。しかし，その後，大先輩の教えは正しかったということが，実感できる出来事を多く経験しました。大変だという評価は，客観的に大変なことが自分に起きているという主張なので，ある程度事態を客観視して

いるということですし，あるいは，自分の身に起きたことを大変だと弁護士も感じてほしいという表れなのかもしれません。大きな精神的ダメージを受けている人に比べると，余裕があるケースだともいえます。

　こういう場合，依頼者の言動を鵜呑みにして，感情を共有してしまうと，間違った情報をもとに間違った事件対応をしてしまい，依頼者の利益を損ねることもありますし，訂正の対応に自分自身が苦慮してしまいます。そうは言っても，弁護士は依頼者の話を真実であるとして仕事をしなければなりません。依頼者を疑いながら事件対応していては弁護士の力を発揮できません。どうしたらよいのでしょうか。

〈弁護士側の考えること〉

　事実を抽出して，依頼者の感情を理解することが弁護士の共感である。感情を共有することは弁護士の共感ではない。

　だから，じっくり話を聞いた上で，感情を否定することなく客観的な事実を抽出して解決の選択肢を提示しましょう。

1）事情聴取をしっかりと行う

　まず，話をじっくり聞くことが大切です。あからさまに疑いの気持ちで聞くことは，当事者の感情を逆なでします。これは失礼です。その際，裏付けられる事実と裏付けられない事実，つじつまの合う事実とつじつまの合わない事実をきちんと仕分けして事情聴取をするとよいでしょう。

２）感情を否定せずに事実を拾う

　冒頭のケースのように，夫が生活費を渡さないので大変困っているという相談があります。経済的DVという類型の配偶者加害の場合ももちろんあります。それを否定するのではなく，「詳しくお話を聞きますからね」と詳細を聞いていきます。「月にどのくらい生活費を受け取っているのですか」と尋ねます。２万円程度しか渡されないと答えたとします。家族構成として夫婦と子ども２人だとします。なるほど，２万円では生活できない。

　しかし，それほど健康状態も悪くなさそうだし，それではどうやって生活しているのだろうという疑問を持たなければなりません。この段階では疑いよりも，事実調査です。「学校の支払いはどうしているのですか」と尋ねると，例えば「学校の支払いは夫の口座から引き落とされます」との回答が返ってくることがあります。そうだとすると，光熱費もたいていは夫の口座から引き落とされることが多いようです。だんだんと，食料品は週末に家族で買い出しに行くというような事情が見えてくることがあります。

　その２万円で何を買うか，あるいは，生活費が少ないのでどういう不便があるかなどと尋ねていくと，自分の化粧品とか美容院の費用，子どものおやつ，お小遣いというように話がリアルになっていきます。夫の賃金を尋ねると，夫の小遣いもないくらいの低収入であることがあります。

　だったらいいじゃないのというわけにはゆきません。実際，当事者は苦しんでいるのですから，それ自体は誰も否定できません。客観的には仕方がないというべきであっても，他人の感情を自分の価値観で否定することはできません。

　結局，この場合は法律相談というよりも，生活相談になるでしょ

う。ただし，夫の会社の賃金不払いとか支払い遅滞の問題が隠されていることもあります。これらは，途中で質問を打ち切ったら出てこない問題です。

　また，収入が本当に足りない場合は，生活保護の申請が必要になります。大変だという言葉に振り回されて，DVの問題だけに注目してしまうと，解決とは別の方向に向かってしまいます。相談者の感情を否定しないということに留意しながらも，客観的事実を抽出して，合理的な解決の選択肢を提起することが弁護士には求められていると思います。

12. どうしても受けられないあの人の電話

〈ケース〉

　Mさんから遺産分割調停の依頼を受けました。必要に応じて打ち合わせをしているのですが，しょっちゅう事務所に電話がかかってきます。内容は前回の打ち合せで聞いた話なので「次回調停で伝えるということ，理解してますから大丈夫ですよ」と答えるのですが，それでも同様の電話が何度もかかってきます。最近では，電話のベルが鳴るたびに心臓がキュッと締め付けられるような気持となり，居留守を使っています。

　一日に何度も電話をかけてくる依頼者がいます。こちらが相談中であったり，起案をしていてもお構いなしに電話をかけてくるわけですが，電話に出てもこちらからみると大した用事でなかったり，一方的な命令口調だったり，あるいは打ち合わせの内容を一方的に否定したり，振り回されてしまいます。だんだん，その人からの電話には出たくなくなったり，あるいは事務所に行くことも億劫になったりしていくことがあります。これでは弁護士が抑うつ状態になってしまいます。どうしたらよいでしょうか。

〈弁護士側が考えること〉

　依頼者は，弁護士を困らせようとする意図はなく，自分の不安を解消しようとしている。不安解消行動を儀式化して負担を制限することも有用。

　だから，電話応対できる時間帯や応対時間をあらかじめ伝えてお

きましょう。

　頻繁に電話をよこす依頼者は，自分では処理できない不安を抱えています。そもそも弁護士に依頼しなければならない対人関係の紛争を抱えているのですから，自分は尊重されない存在なのかもしれないという不安のタネはあるわけです。いわば自信を無くしている状態ですから，弁護士との関係でも自分は見捨てられるのではないかというネガティブな発想がまず出てしまうのは自然なことかもしれません。この時，「なるべく電話をしてこないでほしい」ということは，依頼者の不安を増大させるばかりです。電話が来なくなるかもしれませんが，その反動がどこかに来る危険もあります。解決にはなりません。

　電話が来なくなるためには，その結論を要望するのではなく，結論に誘導することが大切です。あるいは，自分が嫌がらなくなる工夫をすることも合理的かもしれません。

１）依頼者による攻撃ではない

　相手は自分を攻撃しているわけではない。自分の不安を解消したいのだ。そう考えることで，少し落ち着くと思います。自覚はないのですが，弁護士も攻撃を受けていると無意識に感じていることがあります。自分に対する攻撃ではなく依頼者の不安解消行動だと理解することは有益です。そうすると，頻繁に電話が来て困惑する自分の様子も俯瞰的に見えてくるでしょう。電話をかけないでほしいという自分の要求はそれほど図々しい要求ではないことも見えてきます。

2）相手の不安を解消する方法の提案

　相手の不安を解消するための行動を考えましょう。弁護士は依頼者を見捨てないということを実感してもらう工夫をするわけです。ただ無防備な状況で電話が来ると，通常弁護士はほかのことを集中して行っているので，知らず知らずに迷惑がっていることを相手に伝えてしまっていることがあります。それは相手の不安を大きくするだけです。それならば，相手からの電話の時間帯を限定するという方法があります。電話を制限することは相手に対して失礼には当たらないので，端的にお願いすればよいです。「お電話なのですが，通常の時間だと他のことをしていて，とっさに対応する頭になっていませんし，つながりにくいこともあるようです。9時半から10時までの間であると比較的つながりやすいですし，事務的な作業をしているだけなのですぐに対応できると思います。もちろん，緊急の場合はどの時間でもよいですが，できればこの時間に電話をいただければ十分対応できて○○さんにとってもよいと思います」

　これは，大変有効なようです。自分からの相談を拒否しているわけではないということを印象付けられれば安心につながります。葛藤の強い方も，時間の観念はきちんと持っていらっしゃることが多いし，こちらが忙しいということも理解されています。

　しかし，こちらが，そのような事情を省略して，電話を早めに切り上げるとか，電話に出ないことが多いと自分が拒否されているという心配が大きくなっていくわけです。

　約束を守って電話をかけてもらえると，恐らくこちら側の第一声も温かいものになっているはずです。

3）1人で対応しない

　少し病的な部分が強いなと感じる場合は，チームでの対応が良いと思います。弁護団を組んでの対応は気持ちを楽にします。たとえ窓口が1人に集中しても，他の弁護士がフォローをしてくれれば閉塞感は和らぎます。場数をふんだベテランをいれるとだいぶ落ち着きます。場数をふんだベテランは，着手金の額にかかわらず，積極的にこのような事案を引き受けるべきです。

　弁護士だけでなく，カウンセラーやケースワーカーなど，ソーシャルネットワークで対応するべき事案もあります。多職種との連携をするためには，それらの人とつながりがあると断然有利です。自分の取り扱い分野に関連する他職種の人たちと積極的につながりを持つと新しい情報をいただいたり，事件の紹介をしていただいたり良いことが多いと思います。

4）カウンセリング等の必要性

　それでも何ら改善が見られない場合は，カウンセリングや精神科治療が必要な場合があります。この時の観点としては，依頼者にとって必要かどうかで判断することです。その必要性を端的に依頼者に告げることによって，依頼者はカウンセリングや精神科治療に積極的になることが多いというのが実感です。

13.　この陳述書を見せないわけにはいかないし……

〈ケース〉

　離婚訴訟を提起されたというNさんから，離婚原因に心当たりはないので離婚はしたくないという相談を受けました。Nさんは，突然の夫の別居・離婚請求に非常に動揺して，精神的に不安定になっていました。離婚訴訟の依頼を受けて訴訟活動をしていましたが，夫側から提出された準備書面には，Nさんがいかに自分勝手な人間であったかということが延々と書かれていました。夫の準備書面をNさんに見てもらわないと反論書面を書けないのですが，この準備書面をそのままNさんに送付した場合のNさんの精神状態が不安なため，どうしたらよいだろうかと悩んでいます。

　訴訟当事者の精神状態が非常に悪いことがあります。うつ病に罹患したことの損害賠償を会社に求めている場合や，本人には理解できない理由で離婚の請求を起こされた場合などが典型的でしょう。強烈なストレスを感じる相手との訴訟というだけでストレスフルなのに，相手方から提出された陳述書や準備書面には容赦ない表現で，依頼者が非難されています。

　うっかり，いつもの通りにコピーして依頼者宅に郵送して，依頼者がそれを読んでメンタルが悪化して，弁護士に連絡すらできなくなることがあります。家族がいても，本人は，家族に見せないで自分だけがこっそり見て，そのためにメンタルの悪化が進んだということもあります。

　そうかといって，認否，反論をしないわけにはいきません。そのためにはどうしても内容を確認してもらわなければなりません。どうしたらよいでしょうか。

〈弁護士側が考えるべきこと〉

　訴訟の書面において，いささか攻撃的な表現や依頼者から見ると虚偽・誇張した主張がなされるのは通常のことだが，依頼者はそれが通常のことであるとの認識はない。そのため，直接伝えるのではなく緩衝材を入れる工夫が必要である。

　だから，衝撃を緩めながら事実を伝えること（共感を伝える），依頼者の自己決定を奪わないことが必要でしょう。

1）弁護士の事務所で一緒に読んでもらう

　私は，依頼者のメンタルが悪化していて，これをそのまま見せることが危険であると判断される場合は，依頼者を事務所に呼び，一緒に読むことにしています。ただし，その理由をはっきり告げます。つまり，「私から見ても，とてもひどい書面が来ました。これをあなたに一人で読んでもらうことは大変心配です。事務所に来ていただければ，一緒に読もうと思うのですが，そうしますか？」と尋ねます。通常は，一人で読むことは怖いので，こちらに来ていただけることになります。そして，打ち合わせの後，持ち帰りたくないから預かってくれと言われて預かることになることも多いです。

2）ひどいことが書かれているという共感を示す

　最初の連絡の時から，自分が見てもひどい内容だということを告げます。それまでに，ある程度打ち合わせをしていて，ある程度の

事実関係が把握されているため，自分がつかんだ事実をもとにして話すことになります。事実関係も分からないのに，相手を非難することはしません。例えば，実際は相手の言うとおり暴力をふるった事実があるのに，「暴力をふるったという言いがかりをつけるなんて，こちらの人格を否定するものですよね。そんな人間失格だということを言うなんて許せない」という言葉をかけることは，実際暴力をふるった依頼者を弁護士が強烈に傷つけることになります。また，今後真実を弁護士に言わなくなることもあるでしょう。その結果，すぐに反証される主張をしてしまうなど，取り返しのつかない不利益を依頼者が被る危険もあります。事実に基づいて共感を行うことが大切です。

　共感を示すことは，自分の状態を弁護士が理解してくれている，自分には仲間がいるということを依頼者が実感できるポイントにもなります。

3）相手の主張を信じていないことは，はっきり告げる

　依頼者は，相手の言い分を鵜呑みにした人間，共通の友人，職場，行政職員の自分に対する言動に苦しめられています。この結果，相手の言い分に過敏になっていて，弁護士も相手の言い分を真に受けるのではないかと感じていることがあります。弁護士は，相手の言い分を鵜呑みにしていないということを示すべきでしょう。言い分のつじつまの合わないところ，前後の脈絡がつながらないこと，人間の行動として不自然であること等，信じられない理由を指摘することは，信じていないことを知らせる有効な方法です。例えば，裁判官等の第三者から見た場合には信じてもらえない可能性が高いという見通しをつけることが求められているのかもしれません。これ

に対して，盲目的に依頼者を信じているような言葉を出すことは，むしろ依頼者を不安にさせたり，真実を言わないようにさせてしまったりする危険があることは前述と同じです。

4）訴訟の主張では，誇張した表現になることがあると伝える

　訴訟上の主張を行うのは，実際には体験していない弁護士ですから，相手も依頼者の言い分を信じて書面に書いていることを説明しましょう。また，相手方も精神的に不安定である場合，記憶が変容していることがあります。

　ある事件で，「私は，その時，相手から自分では決められない優柔不断な人間だといわれた」と断定した陳述書が出されたことがあります。しかし，その時，偶然録音がなされていてそれを聞いてみたところ，「どうせ，あなたは私が何も決められない優柔不断な人間だと言いたいのでしょう」と本人が言っていただけだったのです。相手は何も言わずに本人の話を聞いていただけでした。この場合，本人が嘘を言っていたのではなく，言われたくないと思っていたことが，記憶の中で実際に言われたと変容してしまったのかもしれないと説明しました。

　対人関係の紛争は，自分の依頼者も葛藤が強くなっていますが，通常は相手方の依頼者も葛藤が強くなっているものです。相手の誇張した表現を相手が嘘をついて行ったと決めつけることで，無駄に自分の依頼者の葛藤を高める必要はないと思うのですが，いかがでしょうか。

　また，そのように双方が，葛藤のために事態を悪くとらえているのではないかという視点は，頭の中に入れておくべきだと思われます。

5）精神科治療を受けている場合やカウンセリングを受けている場合の連絡

　さまざまな方法で葛藤を高めないようにするのですが，それでも人間関係があった相手からの非難は強烈なダメージを受けることは避けられません。依頼者が精神科治療などを受けている場合は，エピソードとして裁判でこのような書面が出されたということを医師やカウンセラーに告げてくださいと勧めるようにしています。症状の変化も告げるようにして，一時的に薬の処方内容を変えてもらったこともあります。

14.「死にたいんです」と言われたら

〈ケース〉

　会社内でパワハラを受けているというOさんから相談を受けました。Oさんは家庭内もうまくいっていないと言い、「もう死んでしまいたいです」と言いました。私はどのような返答をしたらよいか言葉に詰まってしまい、Oさんの前でうろたえて、しどろもどろになってしまいました。

　法律相談などで、「私、死にたいんです」と言われたら、大半の弁護士は面食らうでしょう。そして記憶を手繰りだすのです。頑張れって言ってはダメだとか聞いたことがあるなあ。あれ、じゃあなんて言えばよいのだっけ？　と、言われたことのインパクトが強すぎるために、ろくな対応ができず、相談者が明らかに失望している様子に、弁護士も打ちのめされたりします。そればかりではなく、相談者の自死のリスクが高まってしまう危険性があるわけです。さあ、どうしたらよいでしょう。

〈弁護士側が考えること〉

　「死にたい」と告白することは弁護士を信頼しているからこそ。信頼に応えるためには、まず口を開かないで、目の前の人の命を救うためにどうしたらよいかを考える。

　だから、とにかく否定しないことが大切です。自分を応援してくれそうな人の顔を直ちに思い浮かべましょう。

1）告白されたのは名誉なこと

通常，見ず知らずの人に死にたいと告白することはありません。自死を考えるようになってしまった人たちは，さまざまな人間関係において，自分が何らかの形で否定され続けてきたと感じていることがほとんどです。これ以上自分の言動を否定されることが怖いという状態です。自死をするということ自体も否定されたくありません。もし否定されたら，自分が自死したいほど苦しんでいることも否定されると感じてしまうようです。初めて会った弁護士や，時間をおいてしか会わない弁護士に，自死願望を告白することは，よほどこの弁護士は自分を理解してくれそうだと感じているからだと考えて間違いないでしょう。あなたの相談活動が高く評価されたのですから，それは名誉なことだと感じてよいと思います。

2）結論を押し付けない

「死んではならない」という言葉は危険です。相談者が自死しか解決手段がないと感じている逃げ場のない状態を否定することにつながる危険があるからです。そんなことで苦しむなんてどうかしていると言われた場合，自分を強烈に否定されたと感じるようです。頑張れとか，死ぬ気でやればなんとかできるという言葉も，すでに自我が消耗するほど頑張ったことを否定されたと受け止める危険があるようです。これ以上頑張らなくてはならないと相談者が感じた場合は，さらなる絶望感を押し付けることになりかねません。自死をさせないという結論は正しいのです。その結論だけを押し付けることは，危険です。自死を思いとどまらせるように誘導するしかありません。

3）まず肯定し，共感する

　驚いたり，心配することは良いでしょう。ただし，取り乱したりしてしまうと，相談者が弁護士から受け入れを拒否されていると感じますので，感情をある程度抑制したほうがよいでしょう。肯定する部分，共感する部分を探しましょう。

　「そうですか。死にたいくらい苦しいのですね」

　死にたいという気持ちを肯定するのですが，これは，「死にたいくらい苦しいのであって，本当は死ぬ行動をしたいわけではない。第一希望は問題解決だ」ということへのすり替えをしているわけです。そして死にたいポイントを整理するわけです。

　「あなたにとって，この人間関係はとても大切にされていたわけですよね。その本人から，これこれこういうことをされてしまえば，あなたは自分が人間として尊重されていないと思うわけですね。あなたとしても，いろいろ努力をされたけれど解決しない。するとどんどん解決したい気持ちだけが強くなっていきますよね」と，できるだけ理屈っぽくなく言って確認していく作業が必要です。押しつけはいけません。「辛いですね」と弁護士自身が思うまで一緒に考えるということで良いようです。

4）解決の方法，チーム構成を考える

　相談者がそこまで苦しんで考えても分からないことの解決策を弁護士が考え付くのだろうかとも思われるかもしれません。しかしこれは結構考えることができます。弁護士の最大のメリットは，第三者だということです。相談者は，問題に苦しむあまり，俯瞰的に物事がみえません。本来悩まなくてもよいことを悩んでいたり，最初の前提が誤っていたり，単に解決手段に踏み切れなかったりしてい

るだけの場合が多くあります。この方法はどうなんだろう，この考え方は無理だろうかなどと，相手に常に確認を取りながら選択肢を挙げてゆきます。

　この時，その相談時間で物事を解決しようとしない方がよいでしょう。難しい問題であることは間違いありません。場合によっては再度の相談を促して，なるべく多くの人と協働での解決をするべきです。対人関係の紛争に関しては弁護士，また生活状況についても取り扱い業務としている弁護士はいますが，ケースワーカーや行政が力になることも多くあります。社会保険労務士が有効な解決方法を持っている場合もあります。もちろん精神科医や臨床心理士の力が必要である場合も多いでしょう。弁護士は，なるべく多くの業種に窓口を持つべきです。多くの人と知り合いになるのは，短時間では難しいわけですが，簡単な方法があります。窓口の多い弁護士と知り合いになることです。弁護士が一人で抱え込むことは自死予防にとって解決を遅らせる危険があるとされています。思い切って心当たりのある人と協働で対応することが有効です。自死予防に意欲がある弁護士であれば，一人より二人の方が，効果的であることは間違いありません。

　家族の一人に打ち明けることができれば，その人と一緒に再度の相談に来てもらうことも大切です。その家族と協力することで，解決方法の選択肢が広がります。ただし，家族だからこそ言えないということも真実なので，無理強いはできません。

　自死予防は，一人で解決しないで，このようにソーシャルネットワークを用いて解決するべきです。最初に死にたい気持ちを打ち明けられた人物は，ソーシャルネットワークの中心にならなくてもよいですが，最後までチームの一員として活動してもらいたいもので

す。本人は，死にたいと打ち明けたあなたに心を許しているわけです。自死を食い止める活動の経験は，弁護士にとって大きな財産になると思います。できるだけ寄り添いを継続していただきたいと思います。

15.　激昂を行動に移そうとする当事者

〈ケース〉

　Ｐさんから，亡くなった母の相続に関しての相談がありました。Ｐさんの兄は母親と同居していましたが，母親の面倒をあまり見ておらず，Ｐさんが毎週母親のもとに通い，いろいろと世話をしていたそうです。母親が亡くなってから兄から「自宅には来るな！」と言われ，仏壇に手を合わせることすらできない状況で，形見分けもしてもらえていないことから，Ｐさんが「自宅に入る権利ありますよね?!　ドアを壊してでも自宅に入ってこようと思っています」と怒っているため，強硬的な行動には出ないようにと宥めていたら相談時間が過ぎてしまいました。

　相談を受けていて，理不尽な思いをされていることがよくわかる当事者と巡り合うことがあります。怒りたくなる気持ちも理解できます。しかし，それを行動に出してしまったら，事態はさらに悪化するだけです。また，怒りにまかせた行動が，暴行や業務妨害などの犯罪となる心配もあります。弁護士はどうしてもそれを考えますから，行動をやめさせることばかりに目が行ってしまいます。怒る依頼者，止める弁護士という図式が繰り返されてしまい，疲れてしまいます。もっと有効に話を前に進めていく方法はないのでしょうか。

〈弁護士側が考えること〉

　肯定するところは肯定しても害はない。肯定されることで落ち着くことも多いものである。

　だから，行動ではなく感情を肯定した上で，合理的な行動を提案するなど，自分で結論を考える手助けをしてあげましょう。

1) 安全な共感の範囲を考える

　弁護士は怒りに基づく行動を止めればよいのに，怒りを止めようとしてしまっていることに気が付きません。感情と行動が直結していると考えるからなのかもしれません。しかし，怒りを持つだけなら，それは仕方がないことです。怒りを持つ，自暴自棄になる，「そういう気持ちになること」については，肯定することができると思います。

　「それはそうだよね。そういう気持ちになるよね。もうどうでもよくなるよね」。あくまでも気持ちのレベルについてだけ共感するということをはっきり言って良いのです。相手は，否定されないということで，その後の行動制限に関する弁護士の提案に聞く耳を持つようになります。話す順番を変えただけですが，相手からすれば受け止め方がだいぶ違うようです。

2) 共感を得た人間は思考力が回復する

　人間は，自分が誰からも否定され続けているという気持ちになると，葛藤が高まり，思考力が低下します。不合理な行動も起こしがちです。無意識に，あるいは相手を試そうとして，破滅的な言動をしてしまうことがあるようです。当然，それは，弁護士によって全面否定されることを予想して，あるいは期待して怒りを吐露するの

ですから，弁護士が部分的にでも肯定してしまうと，面食らってしまうということがあるようです。とりあえず否定されなかったというイメージは，葛藤をいくらか下げるようです。怒りの言葉が出せなくなった状態で，弁護士は「あなたの怒りはもっともだけど，じゃあどうしましょう」と伝えると合理的な行動を選択しようとしていくことが多いようです。

　それでも言いよどんでいる場合は，違う方向からたずねてみましょう。例えば，兄弟間の紛争で，弟が兄に対して怒りを向けて，亡くなった母親の教えに背く兄に制裁を加えたいという相談の場合，弟の怒りはもっともだということだけ肯定し，面食らって言いよどんでいるときに，亡くなったお母さんに相談したらどういう答えが返ってくるか尋ねてみるというような流れです。大切なことは，自分で考えて自分で結論を出してもらうということだと思います。

3）警察を呼ぶ場合

　怒りの言葉が激しくても，怒りが静まればよいのですが，怒りが静まらなかったり，武器を持ち出していたり，怒りに至る過程が理解不能であるなどの場合で，怒りに任せた行動に出る危険が高いときは警察に通報する必要性があると思います。

第 2 部

弁護士の
コミュニケーション・スキル

１．相談者の苦しみを言い当てる

> **Q** 葛藤を抱いている相談者に対しての声掛け・接し方のポイントはどういったものでしょうか。不用意な一言で傷つけてしまわないか心配です。

　高葛藤を抱いている人は，自分の感情や利益状況を弁護士に理解してもらえるかについて不安を抱いています。弁護士の元にたどり着くまでに，自分の言い分がなかなか理解してもらえず，どこに行っても共感を示してもらえなかった場合はなおさらです。自分勝手な言い分だとか，我慢するべきだとか，子どもじみた要求だなどと否定されてきた経験を持っている相談者もいるでしょう。

　そのような場合，相談者の心の苦しみを言い当ててあげることは，相談者にとって，それだけで救いになるような重要なことです。少なくとも，その弁護士との関係では，信頼関係が生まれ，葛藤が鎮まり，落ち着いて打ち合わせすることが可能となる場合も多くあります。

　また，職場でのパワーハラスメント被害や継続的な家族間トラブルがある場合は，自分の精神的状態に気が付かないまま，無意識のレベルで苦しんでいることが多くあります。「苦しいはずだ」という一言によって，自分の状態を自覚していただき，苦しさを客観視できるようになり，それによって解決の方向が明らかになる場合もあります。

　でも，他人の心の中を言い当てることなんてできるのでしょうか。弁護士は易者でも心理士でもありません。他人の心がどうなってい

るかということは，わかるはずがありません。自分の心でさえよくわからないのですから，相手の心を正確に把握することは不可能です。それでも言い当てることはそれほど無理なことではありません。

　それでは何をいうのか。答えは，相手に葛藤が高まる要因がある場合，それを告げることです。それで十分です。

　例えば，

「会社でそれだけ大変な思いをして家族のために頑張っているのに，家に帰ってそのようなことをいわれてしまうと精神的にこたえますね」

「上司にそのようなことを言われると緊張してしまいますし，予測不能なタイミングで言われてしまうと，常にびくびくしていなければなりませんね。毎日が緊張状態ですね」

　例えば，若い弁護士の場合，経験が乏しくて相手の立場が想像できないという心配があると思います。こういう場合，相手の葛藤を理解する要素を考えてそれを口にすればよいのです。以下にそれらの要素を挙げてみます。

〈要　　素〉

①人間関係を維持する大切さの程度

　どの程度密接な人間関係か，どの程度継続的な人間関係か，人生において一緒にいる時間の長さを考えることになります（毎日顔を合わせる。寝食を共にする。定期的に必ず顔を合わせる）。

②人間関係に対する先行投資の大きさの程度

　どの程度その人間関係に労力を投資しているか（家族に生活費を渡している。会社で残業などを行って貢献している。他の用事をしないで，その人のために努力した）。

③尊重されないことへの主観的なダメージの程度

どの程度のダメージのある行為をされたか（一定期間の努力が無意味になる。これまでの人生の一定期間が無意味になる。他の人間関係に影響が生じる。顔をつぶされた。自分の大切にしていたもの，関係が壊された。人間関係自体から排除されそうになった。そのことで，今後のその人間関係に大きな影響が生じた）。

これらのことを組み立てて，葛藤が高まる要素がある場合，相手の葛藤が高まって当然であるということを説明することが可能となると思います。

これを別の表現で行った場合は，「相手の身になって考える」ということになります。それでも，相手の身になって考えろと言われても何を考えればよいのかわかりません。かえって，自分なら平気だとか，気にしない等と言ってしまうと，当事者は，自分の感情や自分の人格を否定されたという気持になってしまいます。これに対して相手の葛藤の要素を分解して検討することができれば，それをそのまま言葉にしていければ，相手の葛藤を言い当てることになりますので，便利だと思います。

それでも相手からそういう意味で悩んでいるのではないと言われたら，相手は表現力を獲得していますから，十分お話を聞いて，改めて要素を再構築してみてください。

〈注意点〉

ここで慎重になるポイントがあります。客観的事実に即して共感を示すことが鉄則だということです。例えば，家族などのケースでは，さまざまな要因から，そのような事実もないのに一番大切な存

在の人から被害を受けていると感じてしまう場合が多くあります。典型的なケースは，認知症の場合です。認知症の症状として，例えば，身の回りの世話になっている嫁が自分を攻撃しているのではないかという被害妄想の対象となり，食事を与えられない虐待を受けているとか，財布を盗られたという訴えがなされることが良くあります。認知症に限らず，葛藤が高くなると，被害妄想が起きやすくなります。その上相手に対する期待が強すぎると，被害を受けていると間違って認識する場合があります。それなのに，弁護士が，相談者の被害妄想を文字通りに受け止めてしまい，相談者と一緒になって被害妄想の相手に対して否定的な感情を示してしまうと，相談者とその相手の人間関係が壊れてしまって，取り返しのつかなくなることがあります。

　一つの対処方法としては，客観的事実に基づいて共感を示すこと。もしこういう事実があるのであれば苦しいでしょうという言い方をすること。くれぐれも，その人が苦しんでいることは共感することは良いとして，他者が加害者であるような言い方はしないことを心掛けるべきでしょう。

　被害的な感情が先行してしまう病気としては，認知症のほかに甲状腺ホルモンの異常，産後うつ，全般性不安障害等があります。

【公認心理師からの説明：平泉　拓】

1）来談時不安

　全ての来談者は，多かれ少なかれ不安を抱えて弁護士と出会います。相談したい悩みに加えて，相談をすること自体に強い不安を抱いているのです。このような相談についての不安は，来談時不安（熊倉，2002）といいます。例えば，次のような不安があります。

「弁護士は本当に私を理解してくれるのだろうか」
「私の問題を話すのは，恥ずかしいことではないだろうか」
「相談したら，自分が傷ついたり，不利益を被るのではないか」
「相談することで，問題がより大きくなるのではないか」

　不安を初めから言葉に表現できる程に，余裕のある来談者は，ほとんどいません。不安を言葉で表現する代わりに，来談者は，言葉にできない多くの不安を態度やニュアンスで表現します。
　弁護士は，来談者が抱える不安感，緊張感などを感知し，それに対応しなくてはなりません。そうでなければ来談者を建設的な話し合いに向かってもらうことに失敗してしまいます。例えば，家出をした配偶者から離婚を迫られた男性のケースを考えてみましょう。強い不安と緊張感を抱えた来談者は，30 分間，切迫して話し続けます。まとまりがない話が続くので，聞き取りができません。弁護士は，来談者に対して，次のように問うことができます。

　「そんなに一度にたくさんの話をされると，私に，どれだけのことができるかわからないです……。このままの結果で，Ａさんが家に帰ってから話しすぎたと思って辛くなるかもしれないことが心配で，とても困っています」

　以前，こういうことを言ったところ突然，緊張がゆるんで涙を流し，しばらくして，ゆったりとした穏やかな話し方になりました。来談者との信頼関係は，このように微妙に形成されていきます。
　このように叙述すると，思いもつかぬ感性を求められていると感

じるかもしれません。しかし，必要なことは，特殊な感性ではありません。来談者の緊張を解いて話しやすい雰囲気を作るように気遣うことです。ここで求められるのは，来談時不安という言葉を知っていること，および，それに対する日常的な気遣いだけです。

　来談時不安という言葉を知っていると，それをチェックできます。要所のチェックポイントとして思い出し，来談者の心の特性に気づき，不安を明確な言葉にして表現することが大切です。

　ぎこちなくても気遣うことができれば良いです。逆に，経験が豊富な弁護士が，あまりに手慣れた気遣いを示すと，来談者が「自分の感覚が間違っているのか」と「私は，たくさんいる来談者の一人に過ぎないのだ」といった不安や不満を持つこともあります。欺瞞のない，日常的な感覚が大切です。

　実は，来談時不安は，弁護士も感じていることです。例えば，次のような不安があります。

　「私は，来談者を理解できるだろうか」
　「私は，来談者の利益を擁護できるだろうか」
　「自分の一言が相手を傷つけてしまわないか」
　「私の一言を，来談者はきちんと受け取ってくれるだろうか」
　「私自身が，危険に晒されないか」

　面談は，人と人との対等な出会いが基盤です。しかし，来談者は，出会いではなく，専門的知識と技術を求めます。そして，自分自身は専門家として，一定水準のサービスを提供しなければなりません。ところが，弁護士にとって来談者は，自分の単なる観察対象ではなく，思い通りにはならない，一人の人です。このように考えると，

不安になるのは当然のことです。

　一般的に弁護士は，このような不安に対して，コミュニケーションの取り方を予想し，論理的なシミュレーションを行い，この不安を抑え込みます。この不安を初めから自覚できる程に，熟達している弁護士は，ほとんどいないでしょう。

　話を聞くと，やはり不安になります。「この進め方で良いのだろうか」「来談者は精神的に持ちこたえられるだろうか」などです。相手の気持ちは，自分の気持ちを元に察する「写し鏡」でもありますので，弁護士が自分の不安を見ないようにすると，来談者の不安も感知しにくくなります。正しく不安と向き合い，建設的な話し合いに進むことが理想です。

　したがって，弁護士は，来談者の不安だけでなく，自分にも不安や緊張感があることを感知していることが大切です。来談時不安という言葉を知っていると，それをチェックできます。論理的な思考を巡らせる前に，自分の不安や緊張感を明確な言葉にしてみることが役に立ちます。

　すぐれた面接は，自然な会話を伴う，ゆったりとした流れです（熊倉，2002）。心と法律の悩みを持った人は傷つきやすく，普通に話すことが容易でないときもあります。ですので，来談者と自分の状態に目を背けずに，自然に話し合えることは，素晴らしい技術です。ゆったりと話せるように，一人ひとりのなかの多様な感情や思考に目を向け，感情を共有し，面接を進めることができます。

2）フレーミングとリフレーミング

　一人の人が提供する情報は，無制限的です。無制限性という言葉は，精神病理学者であり，哲学者であるカール・ヤスパース Jaspers,

K.（1948）が重視した概念です。すなわち，人とは基本的に捉えつくせないもの，無限なもの，分からないもの，謎です。面接者が分かった気にならないこと，分かろうとする姿勢を保ち続けることです。これらの姿勢があることで，来談者は，自分の自発性と自由が保証されたと感じ，対等な出会いがあったと感じます。なお，このような姿勢は，心理学の分野で，「無知の姿勢」（Anderson & Goolishian, 1988）と呼ばれています。「無知の姿勢」は，専門的な知識や技術をただちに適用しない姿勢です。支援者があたかも完全な知識と技術をもつ専門家であるような態度と行動をとることは，相手を受動的な存在に"拘束"することになってしまいます。

　人が無制限であるということは，相談者の人生は限られた言葉では表現しきれないということです。生身の人間を注意深く観察すればするほど，無限の記録が集積されていきます。目の前の人の無限の情報から取捨選択し，どのようにして言葉を用いて，言葉で表現するかは技法がいります。

　面接では，リフレーミングという技法が役に立ちます。リフレーミングというのは，認識の枠組み（フレーム）を再度（re）作り直すことを意味しています（若島・長谷川，2018）。

　以下では，リフレーミングの手順を，①フレームの同定，②意味づけという観点から整理します。

　①フレームの同定

　はじめに，認識の枠組み（フレーム）を整理します。

　相談者の認識を，（1）状況（ストレッサー：環境），（2）状態（ストレス反応：個人）という2つの観点で整理します。

　ここでいう状況とは，相談者をとりまく環境的な要因です。例えば，職場でのパワーハラスメント被害では，相談者には膨大な仕事

量が課されているかもしれませんし，同僚に相談しにくい関係のなかにいるかもしれませんし，仕事以外で継続的な家族間のトラブルに巻き込まれているかもしれません。

次に，状態です。ある環境のなかで相談者が示す思考と感情の状態について整理します。例えば，何もやる気が起きないこと，食欲が出ないこと，消えたいと思うこと，罪悪感を抱くこと，自分自身にうんざりすること，などが挙げられます。

相談者のおかれた状況と状態を整理したら，情報を統合し，共感的な姿勢で，次のように伝えます。

「○○（状況の言葉）では，××（状態の言葉）です」
「○○の中で，××と思わずにはいられないですよね」

いくらもっともらしい言葉で弁護士が言い当てようとしても，本人が了解できないと無意味になります。本人が「なるほど」と思えるものにするためには，相談者が語った言葉を使って，それをキーワードにしてストーリーを作るのがよいです。

感情を閉ざして話す来談者もいます。その場合，客観的な事実から，食欲が落ちやすいこと，自責感を抱きやすいこと，抑うつ状態になりやすいことを予測できます。ですので，予測に乗せて，語られない状態についても確認することができます。

②フレームの意味づけ

次に，相談者の認識の枠組み（フレーム）を，より高い観点から，意味づけます。あるいは，異なる意味づけをします。再度（re）の構成ですので，正そうとするよりも，新たに解釈し，活かそうとする姿勢が大切です。

「○○な状況では××になることは自然なことと思います」

「私も，○○な状況では，××になります」

「○○な状況のなかで，××になりながら，△△をしているのは誰にもできることではありません」

　このように，ある事象に対して，一般的な出来事として承認する意味づけを，心理学では「ノーマライズ」（「丸つけ」）といいます（若島・長谷川，2018）。ノーマライズは，精神的な落ち着きを早めることに有用です。なぜなら，相談者は，自分が変になったような気がして，自分を責め続けることがあるからです。

　ノーマライズは，意味づけをする点で，リフレーミングの技法のひとつといえます。

　リフレーミングは事象に対する単なる肯定的言い換えのように使用されていますが，本来，パラドキシカルな意味を含むのです（若島，2019）。行動の変容を促す戦略的な意図を持ちます（若島，2011）。

　例えば，相談を受けていると，「なぜこの相談者は，このような状況のなかで怒らないのだろうか？」と思う瞬間があります。明らかに怒って当然な場面に，相談者が感情を表現しない場合，次のようなメッセージを伝えることもできます。

「これだけの状況では，一般的に激しい怒りを感じるのが当然です。現に，私は憤っています。Aさんが怒りを感じないとしたら，Aさんには理由があるはずです。どんな想いなのですか？」

　Aさんは躊躇しながら，幼少期の両親の離婚，寂しい思いをして

きたことと，いろんなことを我慢して暮らしてきたことを語るかもしれません。このように，逆説的な言葉（普通とは逆の方向から考えを進めていくこと，また，通常とは逆の言い回しで物事を説明すること），相談者の苦しみを言い当てることもあります。

3）前置きを入れる

　心と法律の悩みを持った人は，傷つきやすく，周囲は慎重になるかもしれません。しかし，このような懸念があるときでも，次のように前置きを入れる工夫をすると，相互理解が進みやすくなります。

「もしかしたら○○と思われるかもしれませんが……」
「弁護士は理路整然としていると思われるかもしれませんが……」
「うまく表現できないかもしれないのですが……」
「Aさんのお気持ちが違ったら，ご訂正をいただきたいのですが……よろしいでしょうか？」

　人々にとっては弁護士という存在は，一般的に，理路整然と話すイメージが伴う職種です。イメージを逆手に取って，生身の人間として居合わせている気遣いを示すと，メッセージが受け取られやすくなるかもしれません。

文　献

Anderson, H., & Goolishian H. A. (1988) Human systems as linguistic systems: Preliminary and evolving ideas about the implications for clinical theory. Family Process. 27(4); 371-93.

Jaspers K. (1948) Philosophie. Springer.（草薙正夫・信太正三訳（1964）哲学2―実存開明．創文社.）

熊倉伸宏（2002）．面接法［追補版］．新興医学出版社.

大石桂子（2005）ヤスパースの無制約的な行為をめぐって．倫理学, 21; 49-60.

若島孔文（2011）戦略派におけるリフレーミング．現代のエスプリ，532; 54-62.

若島孔文（2019）短期療法実戦のためのヒント47―心理療法のプラグマティズム．遠見書房．

若島孔文・長谷川啓三（2018）新版 よくわかる！短期療法ガイドブック．金剛出版．

2．共感，肯定を先行させる技法

> **Q** 法律的に難しい結果を望んでいるため，依頼者の気持ちや
> 希望に反する見通しを説明しなければなりません。依頼者
> の葛藤をより強めてしまうのではないかと不安です。どの
> ように説明をすればよいか，ポイントを教えてください。

　法的紛争を抱えているということは，人間関係に紛争を抱えているということです。法的なトラブルが生じている場合，人間関係の紛争が存在するととらえる視点は大切です。例えば，請負代金不履行の場合，自分が一生懸命その人のために作業をしたのに代金を支払ってもらえないという事態が起きているわけです。この時，単に経済的な損害が生じているだけでなく，約束を守られなかったことによって，自分の努力や自分の人格を否定されたような感覚を持つ場合があります。それがその人にとって大切な関係であった場合は，特に疎外感を感じてしまいます。そうすると，その疎外感に起因する葛藤によって，その人との関係だけでなく，人間関係一般において，他者は自分を否定しようとしているのではないかという不安を抱くようになる，つまり過敏状態になることがあります。

　弁護士に対しても安心できなくなり，自分を否定しようとしている人物だということで，過度の警戒心から攻撃的な対応をしてきたり，信頼関係が揺らいだりすることがあります。その結果，適切な弁護活動のための準備ができず，紛争が不利になる危険もあるわけです。

　依頼者の要求通りに訴訟活動をしてしまうと，裁判に不利になる

こともあります。典型的には和解のケースです。和解をしなければ
全面敗訴の可能性も高い場合，弁護士は，依頼者の要求通りに行動
できず，依頼者を説得しなければならない場面も出てきます。これ
は，依頼者の要求を否定する要素があります。その他にも無理な要
求を掲げられる法律相談でも，相談者の言い分を否定しなければな
らないこともあります。依頼者や相談者にとって，弁護士の言動で
葛藤が高まる場面になります。そういうとき弁護士はどうすればよ
いのでしょう。

1）共感できる部分，肯定できる部分だけ先ず肯定する

〈例えば，感情的になるのはわかるが，それは法律的に成り立たな
いし，そんな主張をしたら裁判所からの印象が悪くなるという主張
を依頼された場合〉

ダメな例：それは，裁判所の印象が悪くなるので主張できません。

もっとダメな例：それは主張できません。

参考回答例：確かに，こういうことされたら怒りますよね。誰で
　もそうされたら同じことを言いたくなると思います。問題は，
　訴訟戦略との関係です。裁判官が判決を書くわけで，ここが厄
　介なところです。裁判所から見たら，これは法的には成り立た
　ないのに主張してくるのだから，無理筋を通そうとしている人
　だなと思われて，法的には自信がないのだなと邪推されてしま
　うと不利になってしまいます。ここが考えどころですね（全面
　否定はしていない，あなたの感情は共感できるというメッセー
　ジを送ると，修正に応じてもらいやすくなるようです）。

2）共感できる部分，肯定できる部分を探し出して肯定する

〈例えば，虚偽の訴訟活動をしても利益を失いたくないという依頼者に対して〉

ダメな例：あなたの考えはおかしい，間違っていますよ。

参考回答例：確かにこのお金が回収できるかどうかは大きいですよね。危ない橋を渡ってもと考えてしまう誘惑は致し方ないですよね。ただし，この場合のデメリットは，発覚した場合にすべて失ってしまうということでしょうね。そして，こういう立場の人が相手にはついているので，発覚しやすいということがあるわけです。これは危険なギャンブルですよ（それでも弁護士に不正な活動を求める場合は辞任するしかないでしょう）。

3）共感できる部分，肯定できる部分をねつ造しても肯定する

〈例えば，「結局，私は，相手を殺そうと思っているのです」と打ち明けられた場合〉

ダメな例：殺そうなんて思うあなたの気持ちは理解できませんね。

参考回答例：そうですよね。その気持ちは正直な気持ちでしょうね。なるほど，そういう目にあったら，殺したいくらい憎くなりますよね。だって，あなたはそういう関係で相手に気を使って，いろいろなことに目をつぶってきたわけですからね。その上そういうことされたら，殺したいくらい憎くなりますよね。

　人間は，自分の味方，仲間だと思う人の意見は素直に聞く傾向にあります。おそらくこの人は自分のことを考えて，自分に良かれと思って言ってくれているんだと考えるのでしょう。ところが，見ず知らずの人の意見は，内容がもっともだとしてもなかなか素直にう

なずくことができないようです。自分の感情を肯定してくれる，つまり，自分と同じ感情を共有できる相手は自分の仲間だと感じて，反発心が薄れていくのかもしれません。

4）肯定しながらすり替えをして誘導する

　ここでのポイントはもう1つあります。一見肯定しているふりをして，実はすり替えをしているということです。相談者は「殺したい」と発言しているのですが，弁護士は「殺したいくらい憎い」と置き換えているのです。殺したいという物騒な希望を，それほど憎いという感情の表現にすり替えてしまうわけです。たいていの相談者は，共感されることで我に返り，「自分は人を殺そうとは思っていない」という確認作業をします。自分の言葉は否定されるのだろうなあと思って身構えて挑戦的な言葉を発したのに，否定されないというところで拍子抜けしてしまうようです。しかし，ここですり替えを起こさないと，葛藤の強い状態が継続している人の場合は，二者択一的な選択肢の傾向が表れてしまうことがあります。弁護士などが「そんな物騒なことを考えてはダメです。人間失格です。家族が悲しみます」という善意で良識的な対応をすると，自分の苦しみも否定されたような感覚になり，話を聞き入れようとしません。逆に決意を高めることもあるかもしれません。「相手を殺すか自分が苦しみ続けるか」というテーマにつながってしまうこともあり得ないことではありません。

　意見の違う相手に対してこそ，肯定を表明することが効果的であるということは，応用の聞く話だと思います。

【公認心理師からの説明：高木源】

　世の中にはいろいろな考え方を持つ人がいます。したがって，時には，他者に対して，肯定したり，共感したりすることが難しいことがあっても当然です。日常生活とは異なり，相談場面では感じたことを率直に伝えると問題になってしまうことがあるようです。それでは，日常生活と相談場面では一体何が異なるのでしょうか。

　まず，依頼者の視点から考えてみましょう。相談場面において依頼者は自身の主張が認められることを望みます。弁護士は依頼者が最初に説得を試みる相手です。この時，依頼者は自身の状況を客観的な事実だけではなく，感情的な体験と併せて説明を行います。それと同時に，自身の状況を理解してもらえないことを恐れ，拒絶や否定に対しては敏感に反応します。情報を収集するような中立的な発言と思われるものでも，些細な情報から反発心を抱くこともあります。日常生活であれば関わりを避けるという選択もできますが，相談場面では上手く対応する必要があります。このように，相談場面では，日常生活とは異なり，依頼者は自分自身のことを認めてほしいという気持ちが強く，否定されたと感じると話が上手く進まなくなるため，たとえ意向に添えなかったとしても，先に共感や肯定を伝えることが重要になります。

　次に，弁護士の視点から考えてみましょう。法律相談において法的な業務が中心になります。最初の段階では，依頼者の主張が法的に妥当か否かを判断するために，情報収集が必要になるでしょう。また，情報収集を終えて，方針が明確になった段階で，時には依頼者の意向に沿えない方針を伝える必要もあります。情報収集の段階でも，方針を伝える段階でも，常に「共感や肯定を先行させる技法」

が役に立ちます。以下では，臨床心理学の観点から共感を伝える重要性と方法についてみていきましょう。

　まず，臨床心理学の分野において，共感や肯定を伝達することの重要性を指摘した人物としてロジャーズ Rogers, C. が挙げられます。ロジャーズは「共感的理解」という言葉を用いてカウンセリングの必要条件だと説明しています。「共感的理解」とは，同情することではなく，相手の気持ちになり，それをクライエントにとって意味のある言葉と概念で伝えることです。共感により，自分を理解してくれる人がいるという安心感を得て，問題に取り組む中で支えられたり励まされたりすることとなります。実際に，共感はうつ状態の改善に有効であることが知られています。また，評価的な態度に対して，人は拒否的な反応を示すことが知られています。このように，相談場面を上手く進めるために，共感は不可欠な要素だといえます。

　それでは，共感的な話の聞き方とはどのようなものでしょうか。『共感や肯定を先行させる技法』においては，共感や肯定が依頼者に伝わることが重要です。実際には共感や肯定の気持ちがあっても，それが伝わらなければ意味がありません。例えば，『なぜそんなことをしたのですか？』という質問ではなく，「そんなことをしたのは，それなりの理由が何かあったのではないですか？」という質問の方が共感的な聞き方だといえます。情報収集の段階においては，このような聞き方を心がけることが重要です。さらに重要なことは，「なぜそんなことを言うのだろうか？」「どうしてそんなことをするのだろうか？」という理解できない気持ちになった時に，「そんなことを言うのは何かそれなりの理由があるに違いない」「そんなことをするのは何かそれなりの理由があるはず」と考えてみることです。する

と，依頼者の無茶な要望や否定したくなるような考えに対しても，「なるほど，こんな理由があるのか」と思い至ったり，そこまで至らずとも「そのようなことを望む背景には，よっぽどのことがあったのでは？」と共感的に会話を進めることができます。『共感や肯定を先行させる技法』には，このような考え方が通底しています。依頼者への共感をもっと伝えたいと感じた時には「そのような状況で，よくやってきましたね」と大変な状況での苦労を労うことも効果的です。

　その一方で，共感をすれば万事解決ということにはなりません。特に，法的な業務が中心となる相談場面においては，「法律的に難しい結果を望んでいるため，依頼者の気持ちや希望に反する見通しを説明する」ことも少なくないでしょう。すでに説明されている通り，先に共感を伝えることが重要です。その一方で，法的な業務と共感とで，上手く折り合いをつける必要があります。例えば，共感している中で，「これを伝えたら気の毒だ」「何とか望みをかなえてあげたい」という気持ちが強すぎると，法的には上手くいかないことも増えてしまうかもしれません。そうならないために，伝えるべきことは伝える必要があります。そこで，以下では『共感や肯定を先行させる技法』について3つの例に沿ってみていきましょう。

〈例えば，感情的になるのはわかるが，それは法律的に成り立たないし，そんな主張をしたら裁判所の印象が悪くなるという主張を依頼された場合〉

　「それは法律的には成立しない」と思ったとしても，「法律的な理解を正す」という方向ではなく，まずは，法律的に間違っていることを感情的に主張しているということは，その背景によっぽどの出

来事があったのでは？　と考えることで，「そんなことをされたら誰だって怒ります」と共感的理解を返すことができます。その一方で，「その主張はしない方がいい」ということも伝える必要があります。この時に重要となることは，依頼者の利益にならないということを軸にして伝えることです。仮に，依頼者にとって受け入れがたいことであったとしても，「依頼者が不利にならないようにしたい」という依頼者の利益を優先したメッセージであれば，自分のための言葉として受け入れる余地が生まれます。さらに，一方的に「不利になるのでやめましょう！」と伝えるのではなく，検討点を提示する形で「不利にならないようにするために一緒に考えましょう」と伝えることも重要です。この伝え方は共感的な提案であり，受け入れられやすくなります。また，検討点を示すことで生産的に考える道筋を立てることができます。この点については，次のテーマで詳しく解説します。

　次に，2つ目の例を見ていきましょう。

〈虚偽の訴訟活動をしても利益を失いたくないという依頼者に対して〉

　虚偽の訴訟活動という依頼を受け入れることは当然できません。では，なぜできないのか，というと「結果的に依頼者が不利益を被ることが目に見えているから」です。しかし，まずは，「虚偽の訴訟をしても良いと思ってしまうほど自分の利益を守りたい」という気持ちに共感することが重要です。そのうえで，依頼者の利益になる方法を考えたいという前提の中で，依頼者への伝え方を考えます。その一方で，どんな伝え方をしても，自分の考え方を絶対に曲げないという依頼者もいることでしょう。共感や肯定，依頼者の視点での利益を強調しても，話を聞いてもらえない場合は，「それでもなお主張を曲げないということは，きっと伝えたいことがまだあるの

だろう」と考えてみます。この対応は共感が十分に伝わっていない
という発想に基づいています。共感的な理解を深めて，より丁寧に
共感を伝えることで，生産的な検討に移ることができるかもしれま
せん。それでも難しい場合には，力になれないということを明確に
伝えましょう。共感をして，伝えるべきことを伝えられず，法的な
業務が妨げられるのでは本末転倒です。できないことを明確に伝え
ることもまた，依頼者の利益になります。依頼者の利益という軸か
ら，伝えるべきことは伝え，時には依頼を辞任する対応が必要とな
ります。

　最後に，３つ目の例を見ていきましょう。

〈「結局私は，相手を殺そうと思っているのです」と打ち明けられた
　場合〉

　この主張も当然受け入れることができません。反射的には「止め
なければ」という気持ちが湧いてきます。また，依頼者に対して恐
れを感じることもあるかもしれません。しかし，本当に殺したいと
思っている人が誰かにそのことを打ち明けるでしょうか。誰にも打
ち明けない方が目的を達成できる可能性は上がります。したがって，
このようなメッセージには２つの側面があります。１つは，ここま
で見てきた通り，そのように表現したくなる程の不当な扱いや理不
尽な思いを経験したことを伝えたいということです。この意味では，
共感を伝えることが重要になります。共感を伝える技術としてノー
マライズというやり方が挙げられます。これは，「そんな体験をした
ら，そのような気持ちになるのは当然だ」という表現で，依頼者へ
の共感的理解を自然な形で伝えることができます。

　もう１つは，依頼者が自身の気持ちや状況を「殺そうと思ってい
る」という言葉以外で表現できない可能性があります。この点にお

いて，4つ目のポイントとして挙げられている「肯定しながらすり替えをして誘導する」が重要になります。現実は言葉によって構成される側面があります。したがって，「殺そうと思っている」という気持ちに，そのままの表現で共感を示すことは危険です。反対に，「殺したくなるくらい憎い」という言葉にすり替えることができるとしたら，「その憎しみをどうやって法的に晴らすか」を考え始めることができます。言葉をすり替えるためには，すり替えたい言葉，例えば「殺したい」とか「苦しめたい」とか「死にたい」という言葉に対して，「～くらい〇〇」という言葉を足すことが挙げられます。〇〇の中には，感情の表現が入ります。例えば，憎い，辛い，傷ついた，悲しい，寂しいなどです。このような形で言葉をすり替えて，「その気持ちを晴らすために，どんなことができるか」を一緒に考えることで，生産的な検討に繋がることでしょう。

3．当事者を非当事者化する

<blockquote>
Q 些細なことを気にして全体像を捉えることが難しい依頼者
との打ち合わせが遅々として進みません。このような依頼
者との打ち合わせを進めるに当たってのポイントを教えて
ください。
</blockquote>

　古来,「敵を知り己を知れば百戦危うからず（孫子）」とか, 囲碁の
世界では「岡目八目」という言葉があります。状況を正確に把握す
ることが紛争を有利に解決するためには不可欠であるということ,
当事者はなかなか状況を冷静に把握できず, 第三者の方が状況を冷
静に分析できるということなのだろうと思います。

　葛藤が強くなってしまえば, 現状から将来に向けての因果関係を
想定することが難しくなり, また, 部分的なことへのこだわりが起
きてしまい, 全体的な視点で状況を動かしてゆくということができ
にくくなります。

　弁護士が能力を発揮するためには, この第三者性があることが必
要です。ただし, 弁護士が第三者性を発揮しても, 当事者の葛藤が
強い場合は, 合理的な思考ができなくなることがあります。何もか
も不安になり, 目についた不安をいちいち指摘しなければ気が済ま
なくなるということもあります。どうしても疑心暗鬼の要素が出て
きてしまうこともあり, 訴訟方針で意見の対立が起きてしまうこと
があります。訴訟活動の時間も無尽蔵にあるわけではないので, 当
事者の気持ちに寄り添いすぎていると, 大切な活動ができなくなっ
たり, おろそかになったりするという危険もあります。逆に, でき

るだけ当事者を当事者化しない方法があれば，合理的結論に向かった活動ができるようになります。これを，ここでは「当事者の非当事者化」と言うことにします。

　通常の当事者の視点は，自分が紛争のまさに当事者ですから，自分自身の状態は見えず，相手しか見えません。これは，危険回避のための合理的なシステムです。自分を守るために危険の所在に注目するということだからです。あとは本能的には逃げればよいので，自分の把握は二の次でよいわけです。相手の危険性とその程度がわかれば足りるということになります。ところが，例えば夫婦間トラブルであると，相手に対する対応ばかりに集中していると，本来親として気にかけなければならない子どもの利益が全く考慮されなくなる事態も生まれます。また，危険か危険ではないかという判断が先行してしまい，どうして危険になったのかという原因，きっかけ等に気が回らなくなり，無駄に紛争が大きくなることもあります。相手の言動にいちいち刺激されてしまい，その刺激によって相手に攻撃的になってしまい，さらに相手の攻撃を引き出してしまうということです。これを避けるための当事者の非当事者化は成功すれば紛争解決のための有効な戦略になるわけです。

1）図面を作成する

　図面を作成することは，悩みから思考へ精神活動を変化させます。人間は悩んでいる場合，解決に向けた思考が働いていないことが多くあります。例えば，三桁の掛け算の問題を与えられても，数字を書いて計算しなければ，答えがなかなか出てきません。これと同じかもしれません。図面を書くこと，あるいは文字に書きだしてみることが，考えるための条件になります。

　人間関係の紛争を図面化することは，例えばサッカーの作戦ボードのように，関係図を作るということです。この時の最大のポイントは，当事者が自分を関係図の中に入れるということです。弁護士は，放っておいてもその当事者を入れて関係図を作るでしょうけれど，当事者はそれができないものです。通常，自分は守るべき存在であり，自分を変化させないまま，自分以外を変化させることで物事を解決しようとしてしまっています。関係図の中に自分を登場させることで，紛争がどこでどのように起きているのか，全貌を把握することができる場合があります。また，関係図の中には当事者だけでなく，紛争の影響を受ける人たちを登場させることをお勧めします。どのような紛争が起きているのか，さらにリアルに把握できるでしょうし，紛争解決への意欲を持つことができるようになるかもしれません。

2）当事者に自分と相手の言い分を並べてもらう

　当事者が入った関係図が出来上がれば，それぞれの言い分をできるだけ公平に抽出する作業をします。その中で，相手の言い分も自分の言い分と同等以上に言葉にしていただきましょう。相手の言い分が思いつかない場合は，これまでの事案のご説明から，弁護士が想像して言葉にするお手伝いをすることになります。この時弁護士は，相手の言い分にも分があるということは言いません。通常想定できる言い分としてはこういうものがありますと説明すればよろしいでしょう。紛争の原因と解決の方向が少しずつ見えてくるはずです。

3）良い悪いの二者択一的思考を変える

　人間の行動基準には，さまざまなものがあります。合理性，善悪，道徳，慣習，あるいは自分や相手の感情その他です。当事者同士の基準が同じものであれば，相手に対してこうするべきだといえば，相手も理解し行動を改めるでしょう。しかし，その基準は目に見えないものであることが通常ですし，一つの基準だけでは人間は行動していないことが実際です。まず図面を作って自分と相手の言い分を並べます。その後ですることは，双方の言い分の優劣を考えることではありません。相手と自分の言い分が，別の基準にあると理解できることがとても大切です。この思考作業によって，相手と自分の弱点と有利な点がリアルに見えてきます。単に相手の言い分を非難するより，相手がそのような行動基準をとった原因が見えてくることがその後の展開を有利に進めることができます。

4）当事者に自分を動かしてもらう

　紛争の当事者は，人間である以上，自分を危険から守るということが主たる目的で精神活動を行ってしまいます。どうしても自分を基準に物事を考えますので，紛争を解決するためには，相手の変化だけを求めてしまいがちです。しかし，他人を動かすために，他人に変化の方向を提案しても，なかなか結果は出ません。人間は意思のある動物ですから，意思を動かさなければ相手は行動しないからです。相手を変化させるために最も有効な方法は，自分が変わってみせることです。先に自分が変わってみせることによって，相手も自説にこだわることをやめようという動機づけになりますし，自分がどう変わればよいのかまねをすればよいということで教えることもできるからです。

　白黒をつけることが裁判のイメージですが，判決が出てもその請求の趣旨が認められるか否かが終了するだけです。裁判が終わっても人間関係の紛争が収まらないだけでなく，逆に激化することもあります。裁判の先のことを考えた場合，つまり人間関係の紛争の解決，心の平穏を勝ち取るためには，このような相互理解の作業が有効であるようです。

【公認心理師からの説明：高木　源】

　依頼者の中には全体像を掴むことが難しい人もいるでしょう。このような依頼者に対しては，非当事者化という試みによって全体像を捉えられるように働きかけることが重要です。ここからは，臨床心理学の観点から，非当事者化する方法について順番に説明していきます。

　まずは，図面を作成するという方法から見ていきましょう。臨床心理学では，自身の状況を客観視する方法としてさまざまな方法が示されています。例えば，自動思考記録表というやり方があります。これはワークシート形式で，出来事，その時の思考と感情について記録を求めることで，自身の思考の癖を客観視できるようにします。また，相談場面においてホワイトボードなどの視覚的情報を活用することで，効果的な支援に繋がることも知られています。法律相談の場面においても，視覚的な情報を用いながら，状況を整理していくことは効果的なやり方だといえます。視覚的な情報のメリットとして次の3点が挙げられます。

　第1に，すでに述べられている通り，依頼者が自身の状況と周囲の状況を客観視できるようになることです。現在の状況の中で，関与している人，それぞれの立場，自分自身の位置付け，について整

理されることでしょう。ここで示される図面は依頼者の主観的な認識を反映したものとして理解することが大切です。「実際には違うのでは？」と感じることがあったとしても，まずは依頼者の認識を尊重して，図面化することを心がけましょう。

　第2に，状況を整理する時間だということを明確に依頼者に伝えられることです。依頼者の中には混乱して，質問したことと異なる内容を話す人もいるでしょう。今は状況を整理する時間だということをホワイトボードや用紙によって明示することで，依頼者も状況の整理を意識しやすくなりますし，弁護士の立場からも話を戻しやすくなります。

　第3に，弁護士が主導権を握っている状態で会話を勧められることです。感情的になっている依頼者は自身のペースでさまざまなことを話し，弁護士が会話の主導権を握ることが難しい場合もあるでしょう。このような依頼者に対しても，弁護士がホワイトボードや用紙に図面を書く役割を担うことによって，会話の主導権が弁護士にあることを明示し，会話をコントロールしやすくなります。このように視覚情報を効果的に用いることで，紛争状況の中で混乱している依頼者の状況を整理することが可能となります。

　次に，当事者に自分と相手の言い分を整理する方法についてみていきましょう。法律相談においては依頼者と相手の主張を整理することが必要になります。依頼者の主張の整理は難しくないかもしれませんが，相手の主張を考えるということは非常に難しい作業に感じられるかもしれません。相手の主張を考えるという作業は，依頼者にとって他者視点で現在の状況を捉えることになります。臨床心理学では，視点を転換させることで，良いアイデアや解決策が浮かぶことが知られています。また，他者の視点に立つことで，偏った

見方が抑えられ，生産的な選択に繋がることも知られています。法律相談においても，依頼者に相手の視点に立って言い分を考えてもらうことで，解決の方向性が見えてくることでしょう。その一方で，葛藤状況にある依頼者は他者視点で相手の言い分を考えることが簡単ではありません。したがって，弁護士から，一般的に想定される相手方の言い分を提示することが良いでしょう。そうして，自身の言い分と相手の言い分を客観的に認識できるようにします。そうして，他者視点を促すことで紛争解決の可能性が高まります。

　お互いの言い分を考えるときには，二者択一的思考から変化する方法を意識する必要があります。なぜなら，相手の言い分を考えた依頼者は当然の反応として，相手の言い分を非難したくなるからです。そこで，どちらの言い分が正しいのかではなく，お互いの言い分がどのような基準に基づいているのか，依頼者は何を大切にしていて，相手は何を大切にしているのかを具体的に考えていくことが必要になります。言い分の背景には，その人が大切にしている価値観や基準があります。異なる基準であれば，結論が異なることは当然です。例えば，合理性を重視するなら機能を求めますし，感情を重視するならデザインを求めるでしょう。同じように，子どもが学校に行けない時に，「今は休ませよう」と考えるお母さんと「無理矢理にでも行かせよう」と考えるお父さんでは，異なる基準が背景にあります。多様な考え方に明確な優劣がないように，言い分の背景にある基準にも優劣や善悪はありません。どちらの基準にもメリットとデメリットがあるということになります。このように，言い分の背景にある基準について検討を行うことで，お互いの基準を譲歩して妥協点を見つけられるようになります。また，相手の言い分の背景にある基準が明確になると，どのような戦略が相手に対して効

果があるのかが見えてきて有利に進められるでしょう。二者択一的思考から抜け出す方法については，「5.二者択一的思考から抜け出す」にて詳しい説明が載っています。より詳細な内容はそちらをご参照ください。

　さて，ここまで，依頼者の状況を図面化し，お互いの言い分と基準を明確にすることで，非当事者化する方法を解説してきました。最後に，非当事者化した当事者を動かす方法について解説します。非当事者化するというと，「依頼者が第三者化して，何もしなくなるのでは」という懸念を持たれるかもしれません。しかし，実際には当事者であるからこそ，相手を非難し，「変わるべきは相手で，自分が変わる必要はない」という考えに繋がり，依頼者は動くことが難しくなります。非当事者化することで初めて依頼者が自身の言い分や行動を変えられる余地が生まれます。この段階では，相手が変われば良いというのはもっともだとしつつ，しかし相手を変えるために最も有効な方法は依頼者が変わることだと提案することができます。では，具体的にどのように変わればいいのかという話になります。臨床心理学では，他者に変化を求めるクライエントへの質問法として，相手が望ましい変化をしたら，あなた自身も変わるはずだという前提を伝えた上で，「どんな風に関われるようになりますか?」と尋ねるやり方があります。ここで示された関わり方について，それは今までの関わり方とは何が違うのかを明確にしたうえで，その違いを相手に伝えられる関わり方をさらに検討し，その中で最も実践しやすいことを試しに，一度だけやってみるということが有効です。実際にやってみると，相手も関わり方を変えざるを得ないという状況になることが多いです。

　ここまで，全体像が掴めない依頼者への対応として非当事者化す

る４つの方法を解説してきました。４つの方法は独立したものではなく，連続的に取り組む必要があります。それぞれの方法を段階的に行うことで，全体像を描き，依頼者の法律相談を効果的に進めていくことができます。

4．悲嘆反応と攻撃性

> **Q** 打ち合せで事情聴取をしている際に，感情的になる依頼者
> の対応方法を教えてください。

　相談を受けている時や受任をして打ち合わせをしている時に，当
事者が相手方等に対して過剰に怒りを持っているという場面があり
ます。怒りたくなる気持ちはわからないわけではないけれど，ここ
でそれほど感情的にならなくてもよいのではないだろうかと思うこ
とがあります。その怒りの矛先が弁護士に向かってくるようになる
と収拾がつかなくなってしまいます。弁護士も本能的に自分の身を
守ろうとしてしまいますから，過剰な防衛行動に出ることはありう
ることで，そうするとあっという間に信頼関係がなくなってしまい
ます。怒る相談者の心理状態を理解することによって，必要以上に
防衛体制を作ることをやめてもらい，冷静な対応ができるようにな
るでしょう。

　当事者の怒りは，悲嘆反応として起きているかもしれません。悲
嘆反応は，余命宣告された患者たちの反応を研究したキューブラー・
ロス Kübler-Ross, E.（『死ぬ瞬間』（中公文庫））の研究が始まりで，
アルフォンス・デーケン Deeken, A.『死とどう向き合うか』（NHK
出版）などが有名です。これらの研究は悲嘆反応を細かく整理して
いますが，弁護士が理解する範囲ではもう少し単純に考えてよいと
思います。

　弁護士が把握する必要があることは，人間は，死のように，自分
ではどうすることもできない事態に直面すると「無かったことにす

る」「他人のせいにする」「不合理な考えを持ってきて合理化する」，そして「出来事を受けとめる」という，さまざまな反応を人間がみせることです。そして，それぞれの反応はこの順番で起きるわけではないことです。

　通常の紛争は命を落とすほど重大な結果は生じないどころか，身体生命に影響はありません。しかし，対人関係的な危険を感じた場合にも，身体生命の危険を感じた場合と同じような生理的変化を起こします。そして危機が生じている人間関係が，その人にとってかけがえのない人間関係である場合には，その危機感は，生物的な死に対する危機感と同様の強い反応を示す場合があるようです。そもそも悲嘆反応の一部は，死ぬほどのことではない危険の場合も起きているようです。私たちも刑事弁護の場面で，取り返しのつかない罪を犯した人が，同様の反応をすることを目撃しています。ひき逃げは，まさに事故を無かったことにする行動ですし，人を傷害してもなお被害者に責任を負わせるような発言を聞いたことがあると思います。他人のせいにする反応ですね。突然配偶者から離婚を切り出されたとき，差別を受け攻撃されているとき，不条理な解雇を言い渡されたとき等，対処の余地がない事態に直面したときに，冷静でいられなくなり，さまざまな悲嘆反応が見られることが，弁護士業務をしているとむしろありふれたことだと感じているかもしれません。

　当事者が，攻撃的な感情をあらわにする場合は，悲嘆反応かもしれません。他人のせいにするという反応です。当事者は，自分が行った事実をようやく真実だとして受け止め始めているという段階である可能性があります。そうだとすると，攻撃的になっていても実際はデリケートな心の状態なのかもしれません。

　自分が攻撃されている，あるいは，自分に危険が迫っているという

感覚は，葛藤を強め，危険に対して過敏な状態になることがあります。自分を守ろうとする意識を生んでしまいます。このために，自分が攻撃されない環境を作りたくなってしまうようです。ただでさえ，自分が攻撃されていると過剰に不安になっていますから，弁護士の意見が何かしら自分を攻撃しているように受け止めてしまい，自分を守るために弁護士から攻撃をされる前に身構えている，それが攻撃的な印象を受けるように感じます。

　また，葛藤が強いと悲観的傾向が生まれます。弁護士の書いた書面やその他の訴訟活動が，どうしても心細くなります。しかし，法律的知識や裁判実務は詳しくわかりませんので，指摘する場所は細部のどちらでもよい表現などに集中してしまいます。その結果，弁護士は，言われる必要のないことでいちいちあげあしをとられるような気持ちになりますので，当事者が自分を攻撃しているように感じることになるわけです。

　まず弁護士が考えるべきことは，自分が攻撃されているわけではないということですし，自分が弁護士として頼りないと思われているわけでもないことを自覚することです。ある程度やむを得ないと割り切ることも大切です。特に，攻撃されているという不安感や不快感を顔に出さないことが肝要です。不信感の連鎖が起きてしまいます。

　ただし，自分の対応の中に当事者の不安をあおるような行動があった場合，きちんと謝ることは当然のことです。着手が遅れているとか，ケアレスミスが多いとかということはきちんとお詫びするべきでしょう。

　その上で，不安があることは当たり前で，いろいろなことを悪く受け止めて心配になることは理解できるとはっきりと告げることです。

　まず，共感を示すことは，相手の葛藤を鎮める効果があります。共感を示したうえで，それは心配しすぎであるとか，かえってデメリットが大きい考え方だとか告げると，当事者も受け入れやすくなります。また，例えば，こちらが努力して考えて準備したことのプラスの評価がなく，細かいところのマイナス評価ばかりだと，こちらも辛いということを言いやすくなるわけです。そして，大勢に影響がないことを自分の経験や他の事例から説明して安心してもらうということもしやすくなります。

【精神科医からの説明：佐藤克彦】

１）基本はやはり寄り添う・共感すること

　これまでの解説の通り，何よりも大切なのは，「感情的になるにはそれ相応のやむにやまれぬ事情がある」ということを理解して，相手に寄り添う・共感することになるでしょう。ですから，それ相応のやむにやまれぬ事情が分からないときには（例えば，初回の面接では細かな事情が分からないときのほうが多いでしょう？），「どういった事情でこんなに感情的になっているのかは，今は分からないけれども，それはあくまで，あくまでも，今は，今だから，今だけは，今のみ，分からないだけであって，やっぱり何らかの，やむにやまれぬ事情があるに違いない」と，無条件に相手のことを肯定して，そのうえで，「こんなに感情的にならざるをえない，やむにやまれない事情を知りたい，理解したい，そしてあなたの役に立ちたい」という思いを込めながら，話をしていくのがよいでしょう。

２）演技力よりも人間力

　このような相手を無条件に肯定する思いは，たとえ表立っては口

105

に出さずとも（もちろん口で言える方は言ってしまってもよいでしょう），自然と表情や態度に反映されるものですから，きっとよいコミュニケーションにつながるはずです。逆に，相手に共感することができず，嫌な人につかまっちゃったなあとか，カチンと来たり，イライラしたり，不安や恐怖でいっぱいになっているときは，やはり表情や態度などで漏れ出てしまい，相手に伝わっていると考えたほうがよいでしょう。一流の俳優ではない限り，本音とは全く違った演技をすることはできないでしょうから。ちなみに一流の心理士や精神科医ならばどうなのか？　私は一流になった経験がないので分かりませんが，一流の方は，相手を騙す演技力よりも，相手を理解する人間力で勝負しているんじゃないかなと思います。たぶん。

　ちなみに相手のことを好ましいと思ったときには瞳孔が大きくなり，嫌悪感を抱いた時には瞳孔が小さくなるそうです。もちろん私たちはいちいち相手の瞳孔の大きさなんて気にしていないわけですが，相手が好意を持っているか敵意をもっているのかを直感的に感じ取るときって，瞳孔の大きさなんかも無意識に感じ取って判断しているのかもしれません。どうでしょう。ここまでくるともう，演技をしたり，嘘をつくというような小手先のテクニックを磨くのでは無理だと，あきらめがつくのではないでしょうか。そういったワケで，科学的にも倫理的にも，演技や嘘よりも人間力と誠実さこそが，もっとも実効性のあるプラグマティックな武器になるのだと思います。

3）それでも感情的になってしまうときの対策法

　さて，とはいえ，そのような立場に立っても，なお現場で対話を重ねるうちに相手の感情が収まらず，こちらもどうしても怒りが出

てきたり，あるいはおびえがでてきたりと，こちらも感情的になってしまい，冷静な話し合いができなくなってしまう場合はどうしたらよいでしょうか。その場合には，必ずしもそれを無理して理性で抑え込む必要はなくて，むしろそれを正直に伝えたほうがよいことがあります。

　例えば威嚇的な言動を繰り返されてこちらがおびえてしまう場合には「ちょっとそういう言い方をされると怖くなってしまいます。手も震えてきました」とか，「そういわれると頭が真っ白になってあなたの言っていることが全然頭に入らなくなってしまうのです。どうしましょう。困りました」などです。「怖い」と白旗を振っている相手に対して，さらに威嚇を続けるのはなかなか難しいものですから。

　逆にこちらに怒りが湧いてきて威嚇的な言動をしてしまいそうなときはどうしましょうか。怒りを正直に言うのがよいのでしょうか。そういうケースもあるでしょう。でも怒りは相手をおびえさせて何の生産的対話も生まれず，リスクが高いです。ではどうしましょう。そこで紹介するのが「怒っている人は困っている人」という標語です。意味は文字通りでして，怒っている人は，実は困っているだけなのだという発想です。この標語は通常は，怒っている人と接しているときに「いやいや，この人は怒っているのではなくて困っているだけなのだ」と考え直すとよい……という文脈で紹介されることが多いのですが，私の経験では，相手のことよりも自分が怒っているときのほうが有用性が高い印象を持っています。

　具体的には，自分が怒っているときにはこの標語を思い出していただいて，相手に対しては，怒りをぶちまけるのではなくて，困りを打ち明けるようにするのです。自分がなんで怒っているのかを振

り返れば，何に困っているのかは大概，すぐにわかるものです。そしてそれを打ち明けるのです。主張を二転三転させる相手に対していい加減にしろと怒っているとき。それは「ちょっとそんなふうに二転三転されちゃうと，私はどうしたらいいのかわからなくて困っちゃいますよ」ということですよね。自分勝手な主張ばかり並べて相手の立場に立とうとしないのでカチンとくる場合。それは「このままでは，相手側からは，自分勝手な主張ばかり並べて相手の立場に立とうとしないと言われてしまいそうで，どうしたらいいのか途方に暮れちゃいました」……ということかどうかはさておいて，そういうことで「も」ありますよね。

　ときにはその場で「怒り→困り」変換が思いつかないときもあります。ですから，いざというときにできるようになるために，日ごろから怒りを感じるたびに「自分は今，何に困っているのだろうか？」と自問自答して「怒り→困り」変換をするクセをつけてトレーニングすることをオススメします。

　ちなみに次々と文脈なく話を続ける方もいらっしゃいますよね。そんな場合などは「ちょっと話についていけなくなってしまいました」とか，「あれ，何の話でしたっけ。すいません。もう一回最初からお願いします」とかを伝えてみることが有効なときがあります。なんせ，せっかくしゃべった内容が全然頭に入ってない相手に対して，さらに同じ調子で話を続けるのはなかなか難しいですものですからね。

4) ユーモア
　できれば，こういったことはユーモアを交えて，結果的に場が和むようになったほうがいいです。例えば「ちょっと……これではま

るで私が恐喝されているみたいなんで……あの……ここから先は，ちょっと弁護士さんと相談してからでもよいでしょうか」とか，「直接話をするのが怖くなってしまったので，今度からは弁護士さんを介して話し合っていくということでよいでしょうか」とか言ってみたら……相談者によっては「弁護士はアンタだろ！」と突っ込んでくれないものでしょうか……う～ん。ぷっと噴き出して突っ込んでくれそうな方でしたらちょっとご一考を。

5）好きだから別れよう？

　閑話休題。このように自分の感情を率直に伝える方法の追加として，こんなふうに冷静さを保てない自分のような弁護士では，あなたのためにはならないから，他の弁護士さんに変わったほうがよいとオススメするのもアリでしょう。星の数ほどではないにせよ，日本には相当な人数の弁護士さんがいるのですから。「私では残念ながらあなたのお役に立てません。私があなただったら私以外の誰かを探します」と。「あなたにとって私が担当することはベストの選択肢ではありません」，あるいは「私と組むことでかえって解決への道のりが遠ざかります」と。「私は，あなたのお役に立ちたいからこそ，私はあなたの味方だからこそ，私以外の方とチームを組むことを提案いたします」といったことを，相手に伝えるのです。これで感情が収まって冷静な話し合いができるようであれば，それはそれで問題解決ですし，逆により感情が高ぶるようであれば，このような現象こそがまさしく，自分のような弁護士と組むのは良くないということを証明していることになり，それをもって「私とやっていくのは，まさにこんなふうになってしまい，あなたにとって有害無益なので残念ながら私があなただったなら……」ということになります。

5. 二者択一的思考から抜け出す

> **Q** お互い譲歩する内容の和解案が提示された場合に，デメリットを考えずに和解を拒否する依頼者に対する声掛け等におけるポイントを教えてください。

　高葛藤になると，どうしても二者択一的思考が強くなってゆきます。弁護士業務の中で出てくる二者択一的思考の例を挙げながら，その弊害をみてみましょう。

1）訴訟戦略としての二者択一的思考からの脱却

　金銭の支払い請求の事案で，全額認められないと勝ったとはいえない。一部では負けたことになるので応じられない。当事者はこう考えることがあります。このような勝ちか負けかという二者択一的思考のため和解が成立せず，結局判決では全面敗訴になるということがありうるところです。当事者の自己決定権は尊重されるべきです。しかし，二者択一的思考に陥っているためにそのデメリットについて考えることができないとしたら，弁護士は他の選択肢を提起するべきでしょう。他の考え方と言うべきかもしれません。

　高葛藤の心理的影響を整理しますと，二者択一的思考とともに，悲観的思考傾向，将来の因果関係を考えられなくなること，他人の心情に共感できなくなること等が挙げられます。被害者意識も強くなるように思われます。そうすると，完全に勝ったと思われなければ，それは負けたことだということも理解できます。また，今ここで感情に任せて和解を拒否した場合，もっと悪い結果（全面敗訴）

が起きる可能性があることを想像できないということも理解できます。さらに，自分が少しでも譲歩すると，相手を喜ばせるだけだという意識も出てくることが多いようです。しかし，相手は相手で同じことを考えていることが多いのだと思います。自然とこのことに気が付くことはありません。こういう心理状態である可能性があるのですから，弁護士は粘り強く，場合によっては紙に書いて，メリット，デメリットの情報を伝えるべきなのだと思います。

　ちなみに，先ほどの例の場合は，二者択一的思考とともに，損害を無かったことにしたいという悲嘆反応に類似の反応が併せて表れていることが多くあります。自分が損をする理由がないと考えている場合はもっともなことです。しかし，裁判になっているようなケースでは，その時点ですでに損害は生じているのです。この損害を無かったことにしようとしてしまうと，逆に損害が拡大していく危険があるわけです。「損害はすでに発生している。無かったことにするわけにはゆかない。損害を少しでも小さく抑えるような発想が必要です」という言い方をすると，当事者の方は納得されることが多いようです。

2）人間関係の対立を鎮めるための二者択一的思考からの脱却
　二者択一的傾向の弊害が多くあらわれるのは，家族問題や職場の問題，友人関係の問題など，継続的な人間関係の紛争の場合かもしれません。このような本当は大切だった人間関係の紛争は，当事者の葛藤を高め，持続させます。そして「どちらが，正しくてどちらが間違っていたか」ということに焦点が当たりがちになります。弁護士も，当事者に寄り添うことを考える誠実な人ほど，この当事者の基準に則って相手方を評価しようとすることがよく見られます。

しかし，継続的人間関係の紛争の場合は特に，相手を最後まで叩きのめすことを目標にするわけにはゆきません。

　例えば，夫婦の争いを激化してしまうことは子どもの利益に反することが多くあります。その他の人間関係の紛争の場合でも，裁判などが終わっても，当事者達が共通の人間関係の中で生活を続けなくてはならないことも多くあります。紛争が生じた原因はどこかにあるにしても，なるべくならその原因について価値観をもって評価せず，あくまでも法律的な要件の成立の判断としてのみ評価するという視点も必要だと思います。弁護士は，正しい，間違っているという行動基準だけで人間を評価するのをやめるべきです。弁護士は，紛争が起きる時は，そもそも行動基準がそれぞれの当事者によって異なっていたから起きたということを考えるべきだろうと思います。

3) 命を守るための二者択一的思考からの脱却

　二者択一的思考が危険になるのは，対人関係的危機に抑うつ症状が伴う場合です。職場でパワハラにあったとか，自分では理由がわからないが妻が子どもを連れて自分の元を去っていった等の強烈な対人関係的危機にある場合は要注意です。葛藤が強くない場合は，「退職する」「離婚する」という選択肢が思い浮かびます。ところが強い葛藤が持続してしまい抑うつ状態を呈するようになると，そう思っていた人たちも不思議と，退職，離婚という人間関係の離脱という選択肢を失うのです。「このまま苦しみ続けるか死ぬか」という選択肢だけが残されていくようなのです。このような不自然な二者択一的思考が出ていることは見逃してはなりません。特に解決方法として死ぬことを選択している場合は，精神科医の受診を勧める

べきだと思います。そこまではいかないけれど心配な場合ならば臨床心理士による心理カウンセリングを受けることを私は勧めています。

４）葛藤を鎮める方法
①一時しのぎの勧め

　二者択一的思考が葛藤という心理状態の結果だとすると，葛藤を鎮めることが二者択一的思考から抜け出す特効薬のはずです。しかし，これはなかなか難しいことです。ただ，継続している葛藤を一時中断するということは比較的難しくありません。紛争が生じている人間関係以外のことに興味を持つことで，一時的に忘れられることができることが多いです。

　会社の人間関係の不具合から抑うつ状態となり，会社を休職していた人がいました。本人はまじめな人だったために，早く復職をしなければならないという焦りが持続してしまい，症状が改善しなかったようです。しかし，せっかく休職をしているのだから，家庭のことに集中してみてはどうかというアドバイスをまじめに受け止め，育児について熱心に取り組んだところ，抑うつ状態が改善していき，復職がかなったそうです。

　また東日本大震災は，原発事故も重なり，被災者の心理的葛藤が高まっていました。芸能人の被災地訪問やプロスポーツの開催は，一時的に苦しい生活状況を忘れられることができました。たとえ一時しのぎでも，葛藤を忘れることによって，思考力が回復するということがあるようです。大きな効果を実感しました。

②仲間の存在を意識すること
　家族でも友人でも，その人が所属している人間関係でその人が「自

分は尊重されている」と感じることによって，葛藤が鎮まる場合があります。例えば学校でいじめを受けて高葛藤が継続している場合は，学校を休ませて，家族がその人を尊重するという戦略です。尊重することで，孤立の心配を無くさせます。つまり，「どんなことがあっても私はあなたを見捨てない」という意思を伝えることにもなります。極限状態では，言葉ではっきりそれを伝えることも有効です。また，その人の失敗，弱点，欠点を責めない，笑わない，批判しないことも有用です。孤立の原因になりそうなことでも，否定しないことで，安心感が生まれていきます。学校を休んでもそのことを否定しない。まずは安心してもらうということが有効なのです。

　注意するべき点が2点あります。1点目は，尊重すると言っても特別扱いをしないということです。葛藤の高い人が家族などの人間関係に求めているのは，普通に接してほしいことです。腫れ物に触られるように扱われるとかえって負担感が増えてしまいます。

　2点目は，希死念慮が出た場合は信頼できる精神科医に速やかに受診させることです。特に，死にたいという気持ちが湧いて出てきてしまい，自分では止めることができないという状態の場合は，躊躇なく受診をさせることが必要だと思います。

【公認心理師からの説明：平泉　拓】

　高いストレスに持続的にさらされると，自分ではコントロールできない事態に対して無力感を学習し，活動性が低下します。ですので，極端な思考や推論になっても，自分一人で抜け出すことは容易ではありません。特に，ささいな刺激にも過敏に反応する覚醒亢進の状態と，高葛藤での抑うつの状態では，どのような提案を行っても，現在の状態に影響されてしまい提案は受け止められにくくなり

ます。

　声掛け等のポイントは，現在の状態について話し合うことです。「覚醒亢進状態や抑うつ状態で，重要な決定をすると，普段とは違った判断をしてしまい，納得感のあるよい判断ができない可能性がある」とお伝えします。その上で，より良い判断ができるように，精神面や体力面の回復を同時に行うことを提案します。

1）認知の歪み

　不適応状態における認知を説明した理論に，ベック Beck, A. のモデルがあります。ベックは，抑うつなどの感情が起こる理由に，「出来事に対する認知」を強調しました。出来事に対する認知を，3つのレベルに分けて説明します。

①自動思考のレベル

　自動思考とは，出来事に対して素早く・短く生じる，評価的な思考です。熟考や推論の結果として導きだされるのではなく，自動的に湧き出てくるかのように感じられるものです。日常でこのような自動思考に気づくのはまれで，感情のほうが気づきやすいです。

　自動思考は，感情変化が起きた時に，頭に何が思い浮かんだかに意識を向けると気づけます。例えば，嫌な出来事に対して，「また失敗した。本当に自分はダメだ」というネガティブな思考やイメージが頭の中に浮かぶ，などです。

　自動思考は，ポジティブな自動思考（例：「私は自分に自信がある」）とネガティブな自動思考（例：「私は何をやっても駄目だ」）があります。後者は，抑うつ認知の3大兆候とも呼ばれ，3種類（自己・世界・将来の認知）あります。第1に，自己の認知は，「私は駄目な人間である」「誰にも愛されていない」などの自己に対する悲観

的な思考です。第2に，世界に対する認知は，「世の中はいいこと
などない」「周りは誰も助けてくれない」などの世界に対する悲観
的な思考です。第3に，「この先，生きていてもいいことなどない」
などの将来に対する悲観的な思考です。このようなネガティブな自
動思考は，抑うつ症状を増大させ，ポジティブな自動思考は抑うつ
症状を軽減することが示されています（義田・中村，2007）。

　②推論の誤りのレベル

　推論は，自動思考よりも遅く，長く生じる思考です。次のような
種類があります（表1）。

　③中核的信念（スキーマ）

　中核的信念（スキーマ）とは，本人の信念や思い込みであり，幼
少期からの生育体験によって形成された自分自身や人生についての
価値観です。例えば「私は不器用だ」というスキーマがあると，何
らかの失敗を体験したとき，スキーマが活性化され，「またダメだっ
た」「やっぱり自分は何をしても失敗する」などの自動思考が生じ
ます。スキーマは自動思考を介して間接的に，また，直接的に抑う
つ症状に対して影響を与えることが示されています（義田・中村，
2007）。

2）危機的な状態への対応

　危機的な状態への対応は，具体的で個別性が高いので，どのよう
なことが起きるか見通しをお伝えしにくいため，基本的な考え方と
注意点を挙げます。

　①自殺念慮について質問する

　語られない自殺念慮を評価する方法は，直接本人に尋ねることで
す。しかし，多くの援助者にとって自殺念慮は聞きたくない話の一

つであり，無意識のうちに触れることを避けやすい話題でもあります。

　援助者のなかには，自殺念慮に関する質問をすることで，「かえって来談者の『背中を押す』ことになるのではないか」という恐れを抱く人もいるかもしれません。しかし，聞いたからと言って患者が自殺しやすくなることを明らかにした研究は今のところ一つもなく，多くの自殺予防の専門家が質問しなければならないと強調しています（松本，2015）。Chiles と Strosahl（2005）は，「（自殺について質問されることで）むしろ患者は安心することが多い。質問されることによって，これまで必死に秘密にしてきたことや個人的な恥や屈辱の体験に終止符が打たれる」と指摘しています。

　②他職種連携を開始する

　同僚や上司，精神科医や心理士，ソーシャルワーカーなどに助言を貰いながら対応することです。周囲のサポートを得て，自分自身の安全を守りながら対応することができます。

　③支援資源に確実につなげる

　来談者は，弁護士の提案や助言をうわの空で聞き流していることがあります。また，自分の人生にプラスとなることを実行するのに消極的であり，提案を受け入れても，実際に助言通りに実行するとは限りません。したがって，紹介機関に援助者として同行する，家族などに同行を依頼する，相談者の目の前で連絡を取り，確実に対応してもらえる日程を押さえる，説明した内容の要点をメモにして渡すなどの工夫が必要です。

　援助者自身が紹介先の機関を訪れたことがあったり，紹介先機関のスタッフと面識があったりすると，相談者がつながる率が高くなります。援助者同士が「顔と顔でつながっている」ことの強みは大

表1　不適切な推論の種類と例

全か無か思考 （完全主義的・二分法的思考）	失敗や例外を許せない極端な考え。完全主義的・二分法的思考ともいう。ものごとは完璧か悲惨かのどちらかしかないように極端に考えてしまう。例えば，「もし離婚できなかったら私は死ぬしかない」など。
べき思考	高い要求を自他に課す考え。例えば，「こうするべき」「あのようにするべき」と決めつけ，「べき」に基づく行動をしてしまうことなど。
極端な一般化	数としては少ない数に過ぎないのに，世の中の多くのことが同様の結果になると決めつける考え。例えば，離婚の申し立てで，自分に対して批判的な文言が書かれているのを見て，日常生活や職業生活でも自分は批判されるべき人間であると一般化すること，など。
過大評価と過小評価	ネガティブなことを拡大解釈したり，ポジティブなことを過小評価する考え。例えば，自分に対する批判を拡大解釈して「職場ではうまくいっていない」というように自分の仕事のすべてを過小評価してしまうこと，など。
選択的注目	自分が目につく些細なネガティブなことだけで短絡的な結論を導き出す考え。例えば，若いの可能性がある事実があるのに「自分は負けるにきまっている」と結論してしまうこと，など。
飛躍的推論	事実を確認せずに推論して決めつける考え。例えば，相手方の事情で離婚調停の日にちが決まらないことに「もう終わりだ」と根拠が弱いのにネガティブな結論を引き出すこと，など。
自己関連づけ（個人化）	なにか良くないことが起きると，すべてが自分のせいで起きたように思い込み自分を責めてしまう考え。例えば，知人が肺がんで死んだときに「もし私がタバコをやめるように忠告しておけば，彼は肺がんで死ぬことはなかったのに」と考えること，など。

表1　つづき

感情的な理由づけ	そのときの自分の感情の動きだけがすべてで，実際の現実も感情だけで判断してしまう考え。例えば，和解の余地があるのに相手の主張に納得できない感情が大きくなり「離婚しかない」と考えること，など。
自分で実現してしまう予言	自分が思った誤った予測を信じて行動し，結果的にその予測が実現すること。自分で否定的な予測を立てて行動し，その結果，否定的な予測通りに事が運び，やはり自分の予測は正しいと思い込んでしまうこと，など。

切ですので，さまざまな機関とつながった後は，各機関と情報を共有し，適宜，対応を確認できる場があるとよいです。

　④自殺念慮者の両価性に配慮した関わりを心がける

　自殺念慮を抱く者の心理は両価的です（Shneidman, 1985）。死にたいと訴えているメッセージには，助けを求める気持ちと，助かりたくない気持ちとが同時に存在しています（松本，2015）。助けを求める気持ちがあるゆえに，その言動は演技的，操作的なものに見えてしまい，援助者のネガティブな感情を引き起こすことがあります。他方で，助かりたくない気持ちがあるゆえに，援助者の助言や指示に従わない挑戦的な態度となり，援助者のネガティブな感情を引き起こすことがあります。

　自殺念慮を抱く来談者は，したがって，対応が困難な人であることが多いです。援助者が，来談者に対して管理的・支配的・否定的な態度をとってしまうと，来談者は援助者に心を閉ざし，結果的に対話ができなくなったり，自殺のリスクを高めてしまうことになります。ですので，援助者はあらかじめ「自殺リスクの高い人は援助者に対して挑戦的な態度をとる傾向がある」と心得たほうが良いで

す。ネガティブな感情が湧いてきた場合には,「この来談者は自殺リスクが高いのだ」と自身に言い聞かせることで, 少しだけ慎重に対応できます。

　高葛藤の人は, 自尊心が低下し, 無力さを感じています。自己効力感が低くなると, 自身の無力を否定し, 自身を取り巻く状況をコントロールすることに執着する人もいます。ですので, 高葛藤の人との関係は, お互いにコントロールし合うような「綱引き」状態になることがあります。自己決定権を侵害されたと感じるような援助に敏感であると心得ることが大切になります。他の相談機関の紹介や, 家族や医療機関への情報照会にあたっては, できる限り来談者の同意を得るように努め, 協調的な関係の構築を心がけるべきです。もちろん, 最終的には相談者の意向に反した対応をせざるを得ない事態もありますが, その場合でも, 同意を得るべく弁護士が努力したプロセスが, その後の関係を維持するうえで大切となってきます。

文　献

Chiles, J. A., & Strosahl, K. D. (2005) Clinical Manual for Assessment and Treatment of Suicidal Patients. Washington DC; American Psychiatric Publishing.（高橋祥友訳（2008）自殺予防臨床マニュアル. 星和書店.）

松本俊彦（2015）もしも「死にたい」と言われたら―自殺リスクの評価と対応. 中外医学社.

Shneidman, E. S. (1985) Autopsy of Suisical Mind. London; Oxford University Press.（高橋祥友訳（2005）アーサーはなぜ自殺したのか. 誠信書房）

義田俊之・中村知靖（2007）抑うつの促進および低減プロセスにおける自動思考の媒介効果. 教育心理学研究, 55; 313-324.

6．統合失調症の相談者の方に対して

> **Q** 統合失調症の相談者への対応において，気を付けるべき点
> があれば教えてください

　統合失調症と言っても，症状の種類や症状の程度は人によってだ
いぶ違いがあります。法律相談会にいらっしゃる方は，たいてい入
院の必要性のない方です。統合失調症と言っても，日常生活を送る
ことができる程度の軽い症状の方が多いと思います。

　統合失調症の患者さんと日常的なつながりのない弁護士は，相談
会などで「あり得ない出来事がある，どうしたらよいか」などの相談
がなされると困ってしまいます。例えば，警察が常時自分を見張っ
ていて家の前には警察の覆面パトカーがいつも駐車しているとか，
隣人が見張っていて時折電波を自分の頭の中に飛ばして指令をする
とかいう相談が典型的でしょうか。

　統合失調症の患者さんだからと言って相談を打ち切ることは考え
ものです。相談を最後まで聞いていたら，実際にトラブルに巻き込
まれていることもあるからです。かつて，反社会勢力とかかわりの
あった患者さんで，統合失調症を発症して，症状が原因で事件を起
こしてしまい，面談をしたことがありました。その面談の中で，「反
社会勢力の人が始終自分を見張っていて，家の前に常時人が立って
いるので怖い，何とかならないか」という相談を受けました。反社
会勢力の人たちから街で脅かされて，金銭を要求されたということ
は事実である可能性があるのですが，自分を見張るために始終自分
の近辺に自動車を停めて複数人が待機しているということは，どう

やら被害妄想でした。街で会ったことは偶然であり，一言言われた
だけのようなので心配しなくてよいけれど，心配であれば警察の生
活安全課に相談するという対処方法があることを告げました。どこ
まで安心されたかは自信がありませんが，「そんなことは全て妄想
だ」と言って相談を打ち切るよりはよほどよかったのではないかと
思っています。

　統合失調症の患者さんが，ネガティブな幻覚，幻想を抱いている
場合，ご本人は実際に何らかの理由で苦しんでいる時のことが多い
ようです。一概に相談を打ち切ったり，すべてを否定したりしない
で，苦しんでいること自体には共感を示すことが必要だと思います。
持ち時間に制限があるとしても，持ち時間一杯はお話を聞くべきで
はないかと考えています。

　また，相談の時間がたっぷりある場合は，そのような困った幻覚
や幻聴がいつから起きているかお話をうかがってみること，そして
その時に何か別の大きな出来事がなかったか，あるいは家族や職場
等の人間関係の変化がなかったか尋ねてみることが有効である場合
があります。軽度の統合失調症の患者さんが，隣家から隠しカメラ
で監視されて困っているという相談を受けたことがあります。その
とき何があったかを尋ねてみると，家族の健康が悪化してしまった
という出来事があったそうです。ほぼ同時期に，その近所の方と自
動車の車庫入れの際に軽微なトラブルがあったようです。相談を続
けているうちに，ご本人自身がご自分の心配事と幻覚幻想との関係
をなんとなく理解されたようで，最後は落ち着いて，安心されてお
帰りになりました。

　なお，統合失調症の方の相談で，訴訟を提起したいので，代理人
になってほしいと言われることがあります。訴訟が難しいと考えら

れる場合は，端的に訴訟手続きや証拠法則等，きちんと理由を示し見通しを示すべきです。たとえそのことが本人に正確に伝わらなくても，弁護士は正確に説明することが必要だと思います。

　精神科医も重篤な統合失調症の方で保護入院が必要だと判断しても，治療と入院の必要性を必ず患者さんに繰り返して説明されます。それでも同意が得られない場合にのみ，家族の同意を得て入院させるという手続きになっています。どうせ理解できないだろうと初めから説明をしないで入院させるということは人権の問題から行っていないとのことでした。

【精神科医からの説明：佐藤克彦】

1）統合失調症とは

　統合失調症とはドーパミン（脳内ホルモンの一種）が過剰になることで幻覚や妄想がでてくる精神疾患のことです。（ここで書いている説明には異論反論もありますが，でもだからといって学問的に厳密な表現にすると焦点がぼやけて分かりづらくなってしまいます。理解する出発点として，まずはざっくりとこのように把握しておくとよいでしょう。）

　幻覚とは実際にはない感覚が生じることで，例えば幻視は実際にはないものが見えること，幻臭は実際にはないものが臭うことです。統合失調症で多い幻覚は，実際にはないものが聞こえるという幻聴です。特に典型的なものは「３〜４人の人たちが自分の悪いウワサ話をしているのが聞こえる」というものです。なかには本人のしていることを，いちいち「今，トイレをしている」とか実況中継してくるような幻聴（個人情報がダダ漏れしているのです）もありますし，本人の悪口を言ってきたり，嫌なことをしろと命令してくるよ

うな幻聴もあります。もちろん耳を塞いでも無駄です。耳栓だって
アッサリと通り抜けてあなたの脳に直接働きかけてくるのです。ネッ
ト上に個人情報がさらけ出されたうえ，大勢から誹謗中傷された
ら，誰だって精神的に追い詰められますよね。ところが統合失調症
では（ドーパミン過剰によって）ネットどころの話ではなくて，直
接，生の声で，個人情報がさらけ出され，誹謗中傷されてしまうの
です。しかもその犯人はネット民ではなく自分自身の脳です。だか
ら自分しか知らない過去も，誰にも言えない性癖も，墓まで持って
いくつもりだった秘密も，公然と話題に上り，誹謗中傷のネタにさ
れてしまうのです。

　実にひどい話です。盗聴器がしかけられているのでは？　と疑うの
も無理もありません。理不尽なことばかり言ってくるからきっと反
社会的勢力がやっていることなのだと考えるのも当然でしょう。世
の中，敵だらけだと思い込むのも自然なことでしょう。このように
して，幻聴が続くことで，徐々に被害妄想が発展していきます。他
にも，周囲の人たちのささいな言動の裏に良からぬメッセージが込
められているとか，これ見よがしに嫌味な言動をしてくるという訴
え（妄想知覚：知覚された何でもないような言動を，妄想的に解釈
すること）も非常に多いです。

　ドーパミンを抑える薬を抗精神病薬と呼びます。ドーパミン過剰
が幻覚や妄想の原因ですから，こちらを内服することで幻聴にせよ
妄想にせよ，低下・消失することが多いです。ですから，統合失調
症の治療においてもっとも重要なのは薬物療法だといってよいでし
ょう。

2）統合失調症の症状は幻覚妄想だけではなくて……

ここまで説明していた症状は，健常者にはないものが出てくるという共通点があり，それを総じて陽性症状と呼びます。一方で，統合失調症では，健常者にはあるものが不足してしまうという症状もあり，それを総じて陰性症状と呼びます。具体的には興味関心が減ったり，意欲が湧かなくなるなどです。また，知的な能力全般を「認知機能」と呼ぶのですが，統合失調症ではそれが低下してしまうこともわかってきました。具体的には複雑な思考や臨機応変な対応が苦手になったり，同時並行の作業でミスが生じやすくなったり，周囲の人たちの感じていることを読み間違えたりするようになることです。また，私たちが騒がしい飲み屋さんの中でも話し合いができるのは，脳の仕組みとして，周囲の不必要な騒音や音声をカットして，話し相手の必要な声だけを取り上げるようになっていること（カクテルパーティー効果）が知られていますが，統合失調症ではこれがうまく働かなくなり（フィルターの障害），周囲の雑音などに気がとられやすくなることも知られています。

このように統合失調症の症状は，幻覚妄想などの陽性症状，意欲低下などの陰性症状，作業能力の低下などの認知機能障害の3つに分けることができます。メインの症状である陽性症状は「ドーパミン過剰だからドーパミンを抑制すればよい」ということで薬物療法が良く効くわけですが，残りの2つの症状については，まだ原因も治療法も諸説入り乱れており，残念ながら，抜群に効果のあるものが確立されているわけではありません。

3）陽性症状に対する対応法

さて統合失調症の方の対応はどうしたらよいでしょうか。まずは

陽性症状から見てみましょう。これは周囲からは奇異に見られる一方で，服薬で症状を軽減・消失させることがしやすい症状ですから，精神医療につなげることが非常に重要になります。実際に耳に聞こえてくる幻聴は実際に耳に響いてくるのだから否定しても仕方ないこととして，世界的な悪の組織があると推測するのは無理もないこととして，でもそんな大規模な悪の組織と長期にわたって戦うには，身体的にも精神的にもタフでなければならないハズです。夜は眠れていますか？　栄養は足りていますか？　どこを歩いても敵だらけでストレスをためて胃を痛めていませんか？　そんな追いつめられた極限状態であるにも関わらず，常に冷静な判断をできていると，自信をもって言えますか？　そもそも個人情報がさらされて世間から誹謗中傷されているのに，落ち込まずにいられる人なんているでしょうか？

　……こんな切り口で，この困難な状況を乗り越えるために，精神科の先生に対症療法（原因治療ではなく，症状を緩和させる治療法のこと。例えば風邪をひいたときに，原因療法として風邪のウイルスを退治する薬はないけれど，熱を下げたり，咳を止めたりという対症療法をして生活をしやすくすることができる）をしてもらいましょうと誘っていただけると助かります。

　しかし，残念なことに陽性症状が残存してしまう，なかには現在の薬物療法では軽減すらしない方もいらっしゃいます。特に，幻覚が目立たずに妄想が突出している方はなかなか効きづらい方が多いようです。その場合には，目標を，陽性症状の根絶ではなく，陽性症状との共生にシフトします。妄想がありつつも，その妄想によって有害な言動が生じなければよいと考えるのです。例えば，監視カメラがあっても「どうせ連中は見てるだけで実際の手出しは絶対に

できないのだから，口ばっかりの卑怯で臆病な連中のことは相手に
せず，こちらは気づいていないふりでもしていればよい」とか，「成
仏できない衆生の相手をしてやることで，日々，着々と功徳を得る
ことができてラッキーだと考えておきましょう」などです。

　大丈夫です。妄想との平和的な共存は可能です。そもそも世界を
見渡せば，神様はいるのか？　それは誰なのか？　何人いるのか？
……という基本的な質問ですら，互いに一致した結論に至らず，相
手の主張を妄想（＝訂正不能な不合理な信念）と考えているにも関
わらず，立派に平和共存している例がたくさんあるではありません
か（有害な言動に発展してしまう例もたくさんありますが……）。

４）陰性症状・認知機能障害に対する対処法

　一方で，陰性症状や認知機能障害については，前述のとおり，薬
物療法ではあまり改善が見込めません。デイケアやソーシャルスキ
ルトレーニング（SST）や認知機能の向上を目的としたパソコン・プ
ログラムなど，さまざまなリハビリテーション法や治療法が開発さ
れているのですが，薬物療法ほど目覚ましい効果が出ている段階で
はありません。ですから，複雑な作業になると手がつかない様子だ
とか，臨機応変な対応ができていない，今一つ意欲が感じられない
等については，これは病気の症状や障害なのであって，性格や意図
的なものではないので根性が足りないから等の精神論は有害無益な
のだと心得たうえで対応していただくのがよいでしょう。わざとで
はないのだと。むしろ陰性症状や認知機能障害というハンデを背負
いつつも本人なりにこんなにも最善を尽くしているのだと。

　そのように理解したうえで，例えば，全体の見通しを図表で示し
ながら話し合うと今やっていることがどこのどの段階のことなのか

が分かり易くなり不安の軽減につながることでしょう。本人がやらなければいけない作業をできるだけ小分けにして，やることは一つひとつ，別々に，シンプルな形で提示していただくのがよいでしょう。臨機応変な対応を要する場合では，こちらが本人の代理をして，臨機応変な対応を具体的に提示するとか，実際にやってみせるなどをしたほうがよいでしょう。相手の考えの読み間違いがあったら，さらりと訂正しましょう。大切な話し合いはできるだけ静かで周囲の騒音に気がとられない場所を選んだほうがよいでしょう。相手の症状に応じて，こういった工夫をしていただくのがポイントになります。

第 3 部

弁護士が出会う
精神疾患・向精神薬

1. はじめに

第2部では，葛藤は，危険に対する人間の心理的反応として説明してきました。つまり，本人以外の事情が原因になって，危険を感じた結果として心理的変化である思考の単純化，二者択一的思考，悲観的傾向，攻撃性の表れが起きるという説明でした。

実は，葛藤や不安は，対人関係の状態ばかりが原因なのではなく，当事者の健康状態に起因する場合もあるのです。私たち弁護士がこのことを知らないと，当事者に葛藤がある場合，原因を作っている加害者がいるはずだと思い込みを持つ危険があります。そして相談者の言い分を鵜呑みにして，思い込みによって誰かを攻撃してしまう危険があります。こうなってしまうと，自分には原因がないにもかかわらず弁護士から攻撃を受けてしまい，罪のない人が，あるいはそれほど罪のない人が弁護士によって葛藤をもたらされてしまうことになってしまいます。また，当初の相談者も自分の言ったことに弁護士が同調してくれたということで，真実は違うのに，その相手が自分を苦しめていたのだという被害意識が強固になり，固定化してしまうこともあります。この結果，相談者が生活を保障してもらっている相手を攻撃してしまい，相談者の生活が立ち行かなくなることがあります。

そこで，弁護士が，葛藤や不安が他者からもたらされるだけではないということをしっかり知識として持っていれば，相談者の心情を正しく理解することが可能となり，その結果，無駄な葛藤が軽減され，紛争の激しさが緩和されたり，紛争が解決したりする場合もあります。解決の選択肢が広がることになります。

　もっとも，弁護士は医師ではありませんから，相談者の状態を勝手に診断するわけにはゆきません。また，病気に罹患しているからと言って，必ずここで述べる症状が出現するわけではなく，むしろ出現しないことの方が多いということも注意するべきです。大切なことは，当事者の葛藤の原因が，それに見合う出来事があると客観的に言えるのか否かという見極めのためのツールを得るということだと思います。

2．疾患編

　家事事件などで出てくる診断書で多い病名は全般性不安障害・認知症・甲状腺ホルモンのバランスの乱れ（バセドウ病，橋本病），災害に対する損害賠償事件でよく出てくる疾患がうつ病・適応障害・高次脳機能障害等でしょうか。

　本人や相手方がこれらの疾患を持っていることが分かった場合は，その特徴を専門的な文献で知っておく必要があると思います。ただし，医学書は，生命身体や生活の自立に支障がある症状を中心とし説明されており，そこまで行かない生活上の不具合，人間関係の不具合をきたす事情についてまではなかなか述べられていないことが多いようです。お話しをしていただける医師を確保しておくことはとても有効です。

　葛藤を与える疾患を理解するということは，人間は，必ずしも客観的事実を正しく評価して，自分の自由意思で行動しているわけではないということを理解することなのかもしれません。疾患によって，合理的な行動ができないパターンをいくつか挙げてみます。

〈行動ができないパターン〉

　何かをしようとしても，病気のため体が動かない。いろいろなことが億劫になります。でも，外見上どこも問題がなく健康そうに見えるために誰からも理解されない。典型的な行動は，片付けや掃除ができなくなる。それでも調理はできる。お金のやりくりができなくなり，目の前にお金があると使ってしまう。仕事に行くとき，悪いことばかりが浮かんでしまい，朝に仕事に行く用意ができない。

食事がとれない，服をきちんと着られない，通勤中吐いてしまう。そもそも布団から起き上がれない。

〈感情を制御できないパターン〉

　円満に関係性を保ちたいと思っていても，つい相手の行動を必要以上に悪く考えてしまい相手を攻撃してしまう。

　これは，相手から自分が否定的な評価をされるのではないかと恐れて，「自分は悪くない」というアピールを無意識にしている場合が多いようです。自分と相手の人間関係を潜在的に大切に思っているほど，関係が壊れてしまうことを恐れて疑心暗鬼が生まれてしまい，相手は自分との関係を解消したいと考えているのではないかという不安を抱く。攻撃された方は，当然ながら，なぜ自分が攻撃されているかわかりません。相手こそ，「自分は悪くない」という気持ちが生まれ，それをアピールしてしまい，関係悪化につながるという悪循環のパターンが生まれます。本当はそこまで攻撃したくないのに，つい感情が先行してしまい，極端な攻撃をしてしまう場合も，先ほどのパターンと類似しています。

　一度攻撃を始めてしまうと，なかなか止めることは難しいようで，誤解だったと気が付いた時も，もう十分だと思っていても，自分の攻撃的言動を止めることは難しいのです。

3．薬物編

　薬の副作用で，精神活動が影響を受けることがあります。

　以前，離婚事件で，夫婦関係がおかしくなり始めたときのことを
うかがっていたら，特定の時期から関係性に問題があったというこ
とがわかりました。その時期から夫婦の間で会話が少なくなり，コ
ミュニケーションが取れなくなってきたというのです。話を聞いて
いったら，その時期に私の依頼者の方が肝炎の治療を受けていて，
インターフェロンを処方されていたというのです。もしかしたらイ
ンターフェロンの副作用であるうつ状態によって，コミュニケーシ
ョンがとりづらい事態が生まれていたのかもしれません。当事者は
そのことを知識として持っていなかったので，相手に原因を求めて
いるのではないかという事案がありました。

　ステロイドもうつ状態を呈することがあるとされています。ステ
ロイドの場合，うつによって逃避的な傾向になる場合もあるようで
すが，人によっては，継続してイライラしている状態となり，他者
に対して攻撃的になってしまう場合もあるようです。いずれにして
も対人関係的な危険を感じやすくなってしまい，逃避で危険を回避
するか，怒りの攻撃で危険を回避するかという選択肢のどちらかを
選ばざるを得ない状態になっているのかもしれません。

向精神薬と酒類を併用した場合の問題

　何件か出てきたのは，睡眠薬（ハルシオンを含む）をビールで飲
んだ場合の問題です。必ずそうなるというわけではありませんが，
何らかの条件を満たしてしまうと，かなり奇妙な行動を起こすこと

があります。その人は自動車を運転し，量販店に行き，自分の趣味のグッズを盗み出そうとしているところを逮捕されました。こう述べると目的を果たすための一貫性のある合理的な犯罪行動をしているように感じるかもしれませんが，実際のその人の様子は，それを見た店員の話では，目はうつろで，口が閉まらずよだれを垂れ流している状態で，店舗の売り場コーナーから持ち出そうとしている時も，持ち切れないほど両腕に抱えて，それを隠そうともしなかったというのです。このケースは起訴猶予になりました。犯行状況を子細に観察した人がいなかった別のケースでは起訴されましたが執行猶予となりました。その人の行動についてどの程度明らかになったかによって処遇が変わるということになりますが，その前提として薬物に関する知識が必要だということになるでしょう。

【精神科医からの説明：佐藤克彦】

1）精神症状の三大分類

　精神症状を伝統的に精神科では，その原因によって３つに分類してきました。この分類には現在では一定の限界があるものの，非常に重要で便利な発想なので，それを紹介しながら，気を付けておくべきポイントを解説してみたいと思います。

2）外因性の精神症状

　まず第１に挙げられるのが外因性の精神症状です。これは，通常の精神科的なもの以外の原因によるもので，代表的なのが甲状腺の病気です。甲状腺からは甲状腺ホルモンというホルモンが分泌されていて，血流を通して全身に影響を及ぼしているのですが，このホルモンはある種の元気ホルモンで，例えば心臓に作用すると心拍数

が増加します。脂肪細胞に作用すると脂肪が燃焼されます。頭に作用すると気分が高揚することが多いようです。甲状腺ホルモンが過剰になる病気を甲状腺機能亢進症と呼びますが，心拍数増加や体重減少や躁状態もその症状のひとつになるわけです。逆に甲状腺ホルモンの分泌が足りなくなるのを甲状腺機能低下症と呼びます。症状のなかに心拍数減少や体重増加やうつ状態が含まれるのですが，それもそのハズですよね（甲状腺ホルモンの量と躁うつの気分の変動は，あくまで傾向というだけでキッチリと1対1対応しているわけではありません）。

　ちなみにこれはよく誤解されがちなことなのですが，精神科医ならばうつ症状が出ている方の精神症状をみるだけで「あ，この方は甲状腺の病気によるものだな」とか，「あ，この方は精神科の病気が原因で生じたうつ症状に違いない」などと区別をつけられるのではありません。しかし実際には，見かけからだけでは（甲状腺の病気に付随する身体所見が参考になることもありますが），区別が困難なことも多いのです。皆さんには，目の前の相手の気分が高かったり低かったりする場合，採血をして甲状腺ホルモンの量を実際に測定してみない限りは，それが甲状腺からきているかどうかは分からないものなのだと考えていただきたいと思います。

　さて話題を治療のほうに移しますと，外因性の精神症状の場合にもっとも大切な治療法はその原因疾患の治療をすることです。例えば，甲状腺ホルモンが低下していれば不足した分の甲状腺ホルモンを内服して補うのです。そうすれば，うつ症状も回復していくものです。ホルモンによる精神症状と言えば，もっと身近なものに更年期障害があります。性ホルモンが低下することで無気力になったりイライラしたりする。その場合も，性ホルモンを補ってこの時期を

やり過ごす治療法が知られています。

　ところで，外因性の精神症状として他にも有名なものとして，脳梗塞を原因とするうつ症状や，肝炎などの治療薬として使われているインターフェロンによるうつ症状，リウマチなどの治療薬として使われているステロイドによる精神病症状などがあります。こういった例では，脳梗塞で失われた脳細胞を復活させることはできませんし，インターフェロンやステロイドを（減量にトライはできても）中止して肝炎やリウマチの治療をあきらめるわけにはいきませんから原因の完全解消はできません。その場合には，それぞれの精神症状に対して，対症療法として抗うつ薬や抗精神病薬を使うとしても，ある程度は症状を許容することも必要になります。また，症状やハンデを抱えつつ生活に支障が出ないような工夫やリハビリテーションをしていくことも大切になります。

3）薬の副作用による精神症状

　外因性として見落としてならないのが薬による精神症状です。覚醒剤や危険ドラッグ，マリファナなどの違法な薬剤による精神症状は有名ですが，前述したステロイドやインターフェロンのように，合法かつ必要な医療行為として投与されている薬でも，精神症状を起こしうることを忘れてはならないでしょう。

　精神科の薬（向精神薬）で言えば，抗うつ薬の副作用として躁状態を呈することがあることや，睡眠薬の影響が日中にも残って眠気が続くこと，不安・緊張・イライラなどを緩和する目的で使用されている抗不安薬によって，生活に必要な緊張までも緩和されてしまい，眠気や倦怠感が出てしまい，集中力不足，物忘れ，ケアレスミスが増えてしまうことなどです。また，酒類と向精神薬（特に睡眠

薬）の組み合わせは危険極まりないもので，少量のお酒でも，深酒
や悪酔いをしたような状態が引き起こされて，衝動的・短絡的行動
を行ったうえ，本人がそれを覚えていないということも少なくあり
ませんから，現に慎んでいただきたいものです。

4）心因性の精神症状

　さて精神症状の原因の三大分類の2番目が心因性の精神症状で
す。これは心の出来事（≒ストレス性のもの）として納得がいく（了
解可能）もので，例えば軽いものでいえばテスト前に不眠になった
り，恋患いをして食事も喉を通らなくなったり，困難な裁判を前に
して不安になって動悸を感じたりといったものです。重いものでい
えば，いじめを受けて落ち込んだり，虐待を受けて人間不信に陥っ
たり，ブラック企業で虐げられて心身ともに疲弊してしまったり，
犯罪や震災の被害者となって以来，慢性的に不安緊張状態が続き，
その当時の記憶がフラッシュバックして生活がまともに送れなくな
るなどというものです。疾患名で言えば心因反応，適応障害，ASD
（急性ストレス障害），PTSD（心的外傷後ストレス障害）などになり
ます。心因性の精神症状というものは，大なり小なり，誰にでも身
に覚えがあるでしょうから，これ以上の説明は不要でしょう。治療
法としてはカウンセリングや環境調整がもっとも大切で，薬物療法
はそれぞれの症状に合わせて対症療法的に，補助的に使用されるに
とどまります（眠れなければ睡眠薬，不安であれば抗不安薬，落ち
込むのであれば抗うつ薬，妄想や激しい興奮まであれば抗精神病薬
など）。

5）内因性の精神症状

　精神症状の原因の3番目として内因性の精神症状があります。これは，身体検査をしてもどこにも異常がない（身体疾患では説明不能），かつ，いくら事情を聞いても，なぜこんな症状が出るのか納得がいかない（心の出来事としては了解不能）というものを指していて，具体的には統合失調症や躁うつ病による症状のことを指しています。例えば覚醒剤とかを使っているわけではないのに奇妙な幻覚や突飛な妄想が出てしまうとか，これといったきっかけ（誘因）がないのにハイテンションになって不眠不休で動き回っているとか，これまでストレスに強かった人が些細なストレスを気に病みどんどん落ち込んでいってしまうなどです。精神医学では昔から，こういった方は体の病気ではなく，かといって心の悩みでもなく，きっと脳そのものに何か原因があるに違いないと考えて，内因性の精神疾患と呼んできたわけです。そして，つい最近になって，統合失調症は脳内ホルモンのドーパミンが過剰になっていることが，躁うつ病のうつ状態はセロトニン（and/or ノルアドレナリン）が不足になっていることが，どうやらその原因らしいということが分かってきました。

　そして治療では，統合失調症であれば抗精神病薬（ドーパミンを減らす作用），うつ状態であれば抗うつ薬（セロトニンやノルアドレナリンを増やす作用）を使うことで，画期的な効果が期待できるようになりました。なお躁状態については，その仕組みは未だに不明ですが，リチウムが有効なので，これを抗躁薬と呼んでいました。しかしリチウムはうつ状態にも有効なことが分かり，リチウムは気分の上下を安定させることが本質的な効果だろうということで，今では気分安定薬と呼ばれるようになりました。さらに一部の抗精神

病薬や抗てんかん薬もリチウムと同様の効果が期待できることも分かり，結局，気分安定薬と言えば，リチウムと一部の抗精神病薬と抗てんかん薬を指すようになりました。うつ状態なのにリチウムが使われていたり，躁うつ病なのに抗精神病薬や抗てんかん薬が使われていることがあるのは，こういった理由によるものが多いのです。

６）心因性うつ病と内因性うつ病について

　ちなみに，うつ症状については心因性と内因性の区別が難しいことが知られています。昔はそれぞれを心因性うつ病と内因性うつ病と呼んだりもしていたのですが，最近は原因にはこだわらず，どちらも「うつ病」とか「大うつ病性障害」とか「抑うつエピソード」と呼んで，薬物療法とカウンセリングを併用するようになっています。もっともその弊害として，どんなケースでも，どんな年代でも，何から何まで，落ち込み次第，即座にうつ病の診断が下されて抗うつ薬を機械的に処方していくという問題も起きていて，やはり心因と内因の区別をすべきだという主張もあり，現在でもホットな課題になっています。

７）まとめ

　さて，以上をまとめてみますと，精神症状を起こすのは身体的なもの（外因性）と心理的なもの（心因性）と脳内ホルモンによるもの（内因性）の３種類もあり，身体的なものは身体的な治療で，統合失調症や躁うつ病などの脳内ホルモンによるものは薬物療法で，改善が見込まれるということになります。

　今，ここに落ち込んでいて何もやる気にならないと訴えて，簡単な作業すらしようとしない（ように見える）方がいらっしゃるとし

ます。そのときにちょっと思い出していただきたいんです。ひょっとしたらこの人は，心因性ではなくて外因性で，甲状腺ホルモンが足りなくなっているだけなんじゃないだろうかと。甲状腺ホルモンを補充しさえすれば，やる気が出てくるかもしれないと。あるいは心因性ではなくて内因性で，セロトニンが足りなくなっているだけなんじゃないだろうかと。抗うつ薬を通してセロトニンを補充しさえすればサクサクと作業できるようになるかもしれないと。

　一方的にしゃべり通して，ちょっとしたことで怒り出す方がいらっしゃったら，心因性ではなくて外因性で，抗うつ薬の副作用でハイテンションになっているだけではなかろうかと。抗うつ薬さえ中止できれば普通の礼節が保たれた本人に戻るのかもしれないと。あるいは心因性ではなく内因性で，脳内ホルモンの何らかのアンバランスが起きて躁状態になっているだけではなかろうかと。そしてリチウムなどの気分安定薬さえ服用できれば本来の自分を取り戻せるかもしれないと。

　ボーッとして話を聞いていないように見える方がいらっしゃったら，心因性ではなくて外因性で，服薬している薬の副作用でこうなっているだけで，薬を減らすとか変更しさえすれば目が覚めるのじゃないだろうかと。たとえ治療に必須な薬剤で変更するのが無理だとしても，その症状は本人の問題ではなく現代医学の限界という問題なのだと理解することで，みなさんの態度は全然違うものになるはずです。

8）パーソナリティ障害と発達障害について

　古典的な三大分類から漏れやすいけれども重要な精神科の診断名として，パーソナリティ障害と発達障害があります。前者は考え方

や性格の偏りのことで，特に境界性パーソナリティ障害と反社会性パーソナリティ障害が問題となります。後者は発達の偏りのことで，特に自閉症スペクトラム障害（≒広汎性発達障害≒アスペルガー症候群≒高機能自閉症）と注意欠如・多動性障害（ADHD）が問題となります。いずれも，短く要約されたものを読んで不用意に分かったつもりになるほうがまずいことがあるので，該当する相談者に会ったときには，それはそれで独立して勉強したほうがよいでしょう。その際，専門書も大切ですが，当事者向けや家族向けの書籍，当事者の体験談（マンガも含む）を出発点にすると理解しやすいです。

4．外部機関への紹介

【公認心理師からの説明：平泉拓】

　来談者に精神疾患が疑われる場合は，精神科医への受診や臨床心理士への相談を話し合います。弁護士1人で対応しようとせず，連携して対応することが大切です。他の機関に頼ることと，頼らないことの2つの選択肢を，それぞれメリットとデメリットを整理しながら話し合い，納得感のある決定を支援します。来談者は，「私は重篤かもしれず，弁護士に見捨てられるのではないか」という「見捨てられ不安」を抱きやすいので，次のような会話法が役に立ちます。

　「病院やクリニックを受診して，うつ病その他の診断がでなかったら，服薬など専門的な治療をせずに現状を改善できる可能性があるということです。うつ病その他の診断がでれば，今よりも早く苦痛を軽減して，回復を早めることができます。とはいえ，初めて精神科医にかかるのでご心配があるのは自然なことです。ご心配な点を一緒に整理しましょう」

　希死念慮と既遂の恐れがある場合は，信頼できる精神科医に速やかに受診を勧めます。死にたいという気持が自然に湧いて出てきてしまい，自分では止めることができないという状態では，躊躇なく受診を促すことが必要です。

　その際，専門家としては，次の2つの原則を重視します。

　第1は，守秘義務（confidentiality）です。弁護士が面接の場で得

た情報は，相談者のプライバシーに属します。ですので，面接情報を他人にもらしてはなりません。これは誰でも知っている常識ですが，ここで難しい問題が起きてきます。

　ある相談者が「死にたい」と告白したとします。その家族から弁護士に電話があり，「心配なので，本人に内緒で何を話したか教えてくれますか」と言ってきたら，どうしたら良いでしょうか。「守秘義務があるから，教えられません」と答えるべきか，あるいは，家族に情報を提供することが望ましいでしょうか。

　家族が心配しているのは十分に理解できますし，家族に本人のことを説明しておいた方が，本人の利益になるでしょう。そのような時は，本人に家族から電話があったことを伝え，家族に説明することの了解を得るようにします。

　それでは，相談者が「このことは家族にはいわないでください」と提案を了解しない場合は，どうしたら良いでしょうか。「あなたを守るためにそれが必要である」と粘り強く説明すべきです。もし弁護士が家族と連絡をとらないまま対応し，そのあと自殺既遂もしくは再企図となった場合のリスクは無視できません。

　最終的に，相談者の意向を無視して家族に連絡をとることも可能です。ただし，弁護士との関係を破綻させるリスクも皆無ではありません。この場合は，「もしあなたの家族はことのことを知ったらどんな反応をすると思いますか？」と尋ねます。実際は，「家族に連絡しないでください」と訴える人ほど，家族に対するサポートや支援が必要なことが多いです。周囲に助けを求めることのメリットとデメリットを相談者と話し合うことが大切です。

　第2は，保護の原則です。相談者は非常に混乱している場合があります。実際に重い精神疾患のある人で，そのために自殺の危険が

極めて高い場合などは，本人を保護する手段を考えることが先決になります。

　精神保健福祉法で決められた医療保護入院という制度があります。それを行う資格を持った精神科医（指定医）は，家族等の同意によって，精神科に入院させることができます。保護を要する人だと思ったら，まずは，精神科医の受診を受けるように勧める必要があり，自殺等の危険を放置してはいけません。

あとがき

　本書の編著者である土井浩之先生と大久保さやか先生とは，東日本大震災の少し後，自死対策についての勉強会から関わらせていただきました。私自身，東日本大震災における被災者支援を行う中，東日本大震災で亡くなった人々を超える数の人々が毎年，自ら命を絶つという現状に問題意識を持ち始めていました。多くの人々は死ななくてもよい中で死んでいるという現状を何とかしたいと考えるようになっていました。そして，私たちの勉強会が行われるようになりました。

　弁護士をはじめとする法律家の先生方は，離婚問題，経済的問題，犯罪に関わる問題などに対応することから，他の職業よりも，自死の確率の高い人々やその家族と対面する機会があります。私たちは自死だけでなく，そこから自死未遂，そして精神状態の不安定な人々まで問題意識を広げ，その対応を考えるに至りました。

　法律家の先生方は，その仕事の性質上，高葛藤者と対面し対話する機会がほとんどであると言えます。高葛藤者は，過覚醒状態にあり，交感神経が優位になっていることから，わずかな言い回しや，表情，口調に不信感を持ちがちです。信頼関係に基づく対話を進めるためにどのような方法があるのか。本書の目的は，こうした高葛藤者とのコミュニケーションをより円滑に，より肯定的で協力的にするために，どのようなことに着手すればよいかを確認することで

す。

　本書は，法律家に関わらず，対人的な仕事をする方々におそらく役に立つ内容となっています。学校の先生であれば保護者とのやりとりにおいて，公務員であれば難しい住民とのやりとりにおいて，一般企業であればクレームを言う顧客に対して，ここで述べられている方法は応用的に用いることができるものです。したがって，弁護士の先生だけではなく，広く多くの職種の方々に本書を読んでいただき，その対応を工夫していただけたらと考えます。私は約20年，国や地方自治体の折衝・交渉に関わる講座を担当していますが，本書に書かれている内容は，さまざまな交渉場面での基本となる事柄でもあります。少しでも読者の皆様のお役に立てば幸いです。

　また，本書を編集して下さいました遠見書房の山内俊介社長には心より感謝し，お礼申し上げます。ここに記して，お礼とさせて頂ければと思います。ありがとうございました。

若島孔文

編著者紹介

土井浩之（どい・ひろゆき）：弁護士（司法修習 46 期）
2000 年より，土井法律事務所。仙台弁護士会自死対策特別委員会委員，日本弁
　護士連合会自殺対策 PT

大久保さやか（おおくぼ・さやか）：弁護士（司法修習 61 期）
2012 年より，スズラン法律事務所。仙台弁護士会自死対策特別委員会委員

心理監修

若島孔文（わかしま・こうぶん）：臨床心理士，公認心理師
2020 年より東北大学大学院教育学研究科教授。東北大学大学院教育学研究科・
　心理支援センターセンター長・災害心理支援室室長

第 2 部，第 3 部の専門家の説明

佐藤克彦（さとう・かつひこ）：精神科医。三楽病院精神神経科科長
平泉　拓（ひらいずみ・たく）：臨床心理士，公認心理師。宮城大学看護学群准教授
高木　源（たかぎ・げん）：臨床心理士，公認心理師。東北福祉大学総合福祉学部助教

法律家必携！

イライラ多めの依頼者・相談者とのコミュニケーション術
──「プラスに転じる」高葛藤のお客様への対応マニュアル

2021 年 7 月 20 日   第 1 刷
2021 年 10 月 20 日   第 2 刷

編 著 者　土井浩之・大久保さやか
発 行 人　山内俊介
発 行 所　遠見書房

遠見書房

〒 181-0002 東京都三鷹市牟礼 6-24-12
三鷹ナショナルコート 004
株式会社　遠見書房
TEL 0422-26-6711 FAX 050-3488-3894
tomi@tomishobo.com　http://tomishobo.com
遠見書房の書店　https://tomishobo.stores.jp

ISBN978-4-86616-126-6 C0032
©Doi Hiroyuki & Okubo Sayaka 2021
Printed in Japan

※心と社会の学術出版　遠見書房の本※

遠見書房